老科学家学术成长资料采集工程
中国科学院院士传记丛书

中国铁路电气化奠基人
曹建猷传

谢瑜 等◎著

1917年	1936年	1945年	1958年	1980年	1993年	1997年
出生于湖南	考入上海交通大学电机工程系	考入美国麻省理工学院攻读研究生	被任命为铁路电气化项目负责人	当选中国科学院学部委员	由其领导、组织的牵引动力国家实验室建设完成	在成都逝世

老科学家学术成长资料采集工程
中国科学院院士传记丛书

中国铁路电气化奠基人
曹建猷传

谢 瑜 等 ◎ 著

中国科学技术出版社
·北京·

图书在版编目（CIP）数据

中国铁路电气化奠基人：曹建猷传/谢瑜等著. —北京：中国科学技术出版社，2023.2

（老科学家学术成长资料采集工程丛书.中国科学院院士传记丛书）

ISBN 978-7-5046-9990-9

Ⅰ.①中… Ⅱ.①谢… Ⅲ.①曹建猷—传记 Ⅳ.① K826.16

中国国家版本馆 CIP 数据核字（2023）第 032356 号

责任编辑	何红哲
责任校对	焦　宁
责任印制	李晓霖
版式设计	中文天地

出　　版	中国科学技术出版社
发　　行	中国科学技术出版社有限公司发行部
地　　址	北京市海淀区中关村南大街 16 号
邮　　编	100081
发行电话	010-62173865
传　　真	010-62173081
网　　址	http://www.cspbooks.com.cn
开　　本	787mm×1092mm　1/16
字　　数	200 千字
印　　张	13
彩　　插	2
版　　次	2023 年 2 月第 1 版
印　　次	2023 年 2 月第 1 次印刷
印　　刷	北京顶佳世纪印刷有限公司
书　　号	ISBN 978-7-5046-9990-9 / K·347
定　　价	68.00 元

（凡购买本社图书，如有缺页、倒页、脱页者，本社发行部负责调换）

老科学家学术成长资料采集工程
领导小组专家委员会

主　任：韩启德

委　员：（以姓氏拼音为序）

陈佳洱　　方　新　　傅志寰　　李静海　　刘　旭

齐　让　　王礼恒　　徐延豪　　赵沁平

老科学家学术成长资料采集工程
丛书组织机构

特邀顾问（以姓氏拼音为序）

樊洪业　　方　新　　谢克昌

编　委　会

主　编：老科学家学术成长资料采集工程领导小组办公室

编　委：（以姓氏拼音为序）

定宜庄　　董庆九　　郭　哲　　胡化凯　　胡宗刚

刘晓堪　　吕瑞花　　潘晓山　　秦德继　　申金升

王扬宗　　吴善超　　熊卫民　　姚　力　　张大庆

张　剑　　张　藜　　周德进

编委会办公室

主　任：孟令耘　　杨志宏

副主任：宋维嘉　　韩　颖

成　员：（以姓氏拼音为序）

高文静　　李　梅　　刘如溪　　罗兴波　　马　丽

王传超　　余　君　　张佳静

老科学家学术成长资料采集工程简介

老科学家学术成长资料采集工程（以下简称"采集工程"）是根据国务院领导同志的指示精神，由国家科教领导小组于2010年正式启动，中国科协牵头，联合中组部、教育部、科技部、工信部、财政部、文化部、国资委、解放军总政治部、中国科学院、中国工程院、国家自然科学基金委员会等11部委共同实施的一项抢救性工程，旨在通过实物采集、口述访谈、录音录像等方法，把反映老科学家学术成长历程的关键事件、重要节点、师承关系等各方面的资料保存下来，为深入研究科技人才成长规律，宣传优秀科技人物提供第一手资料和原始素材。

采集工程是一项开创性工作。为确保采集工作规范科学，启动之初即成立了由中国科协主要领导任组长、12个部委分管领导任成员的领导小组，负责采集工程的宏观指导和重要政策措施制定，同时成立领导小组专家委员会负责采集原则确定、采集名单审定和学术咨询，委托科学史学者承担学术指导与组织工作，建立专门的馆藏基地确保采集资料的永久性收藏和提供使用，并研究制定了《采集工作流程》《采集工作规范》等一系列基础文件，作为采集人员的工作指南。截至2021年8月，采集工程已启动592位科学家的学术成长资料采集项目，获得实物原件资料132922件、数字化资料318092件、视频资料443783分钟、音频资料527093分钟，具有重要的史料价值。

采集工程的成果目前主要有三种体现形式，一是建设"中国科学家博物馆网络版"，提供学术研究和弘扬科学精神、宣传科学家之用；二是编辑制作科学家专题资料片系列，以视频形式播出；三是研究撰写客观反映老科学家学术成长经历的研究报告，以学术传记的形式，与中国科学院、中国工程院联合出版。随着采集工程的不断拓展和深入，将有更多形式的采集成果问世，为社会公众了解老科学家的感人事迹，探索科技人才成长规律，研究中国科技事业的发展历程提供客观翔实的史料支撑。

总序一

中国科学技术协会主席 韩启德

老科学家是共和国建设的重要参与者，也是新中国科技发展历史的亲历者和见证者，他们的学术成长历程生动反映了近现代中国科技事业与科技教育的进展，本身就是新中国科技发展历史的重要组成部分。针对近年来老科学家相继辞世、学术成长资料大量散失的突出问题，中国科协于2009年向国务院提出抢救老科学家学术成长资料的建议，受到国务院领导同志的高度重视和充分肯定，并明确责成中国科协牵头，联合相关部门共同组织实施。根据国务院批复的《老科学家学术成长资料采集工程实施方案》，中国科协联合中组部、教育部、科技部、工业和信息化部、财政部、文化部、国资委、解放军总政治部、中国科学院、中国工程院、国家自然科学基金委员会等11部委共同组成领导小组，从2010年开始组织实施老科学家学术成长资料采集工程。

老科学家学术成长资料采集是一项系统工程，通过文献与口述资料的搜集和整理、录音录像、实物采集等形式，把反映老科学家求学历程、师承关系、科研活动、学术成就等学术成长中关键节点和重要事件的口述资料、实物资料和音像资料完整系统地保存下来，对于充实新中国科技发展的历史文献，理清我国科技界学术传承脉络，探索我国科技发展规律和科技人才成长规律，弘扬我国科技工作者求真务实、无私奉献的精神，在全社会营造爱科学、学科学、用科学的良好氛围，是一件很有意义的事情。采集工程把重点放在年龄在 80 岁以上、学术成长经历丰富的两院院士，以及虽然不是两院院士、但在我国科技事业发展中作出突出贡献的老科技工作者，充分体现了党和国家对老科学家的关心和爱护。

自 2010 年启动实施以来，采集工程以对历史负责、对国家负责、对科技事业负责的精神，开展了一系列工作，获得大量反映老科学家学术成长历程的文字资料、实物资料和音视频资料，其中有一些资料具有很高的史料价值和学术价值，弥足珍贵。

以传记丛书的形式把采集工程的成果展现给社会公众，是采集工程的目标之一，也是社会各界的共同期待。在我看来，这些传记丛书大都是在充分挖掘档案和书信等各种文献资料、与口述访谈相互印证校核、严密考证的基础之上形成的，内中还有许多很有价值的照片、手稿影印件等珍贵图片，基本做到了图文并茂，语言生动，既体现了历史的鲜活，又立体化地刻画了人物，较好地实现了真实性、专业性、可读性的有机统一。通过这套传记丛书，学者能够获得更加丰富扎实的文献依据，公众能够更加系统深入地了解老一辈科学家的成就、贡献、经历和品格，青少年可以更真实地了解科学家、了解科技活动，进而充分激发对科学家职业的浓厚兴趣。

借此机会，向所有接受采集的老科学家及其亲属朋友，向参与采集工程的工作人员和单位，表示衷心感谢。真诚希望这套丛书能够得到学术界的认可和读者的喜爱，希望采集工程能够得到更广泛的关注和支持。我期待并相信，随着时间的流逝，采集工程的成果将以更加丰富多样的形式呈现给社会公众，采集工程的意义也将越来越彰显于天下。

是为序。

总序二

中国科学院院长　白春礼

由国家科教领导小组直接启动，中国科学技术协会和中国科学院等12个部门和单位共同组织实施的老科学家学术成长资料采集工程，是国务院交办的一项重要任务，也是中国科技界的一件大事。值此采集工程传记丛书出版之际，我向采集工程的顺利实施表示热烈祝贺，向参与采集工程的老科学家和工作人员表示衷心感谢！

按照国务院批准实施的《老科学家学术成长资料采集工程实施方案》，开展这一工作的主要目的就是要通过录音录像、实物采集等多种方式，把反映老科学家学术成长历史的重要资料保存下来，丰富新中国科技发展的历史资料，推动形成新中国的学术传统，激发科技工作者的创新热情和创造活力，在全社会营造爱科学、学科学、用科学的良好氛围。通过实施采集工程，系统搜集、整理反映这些老科学家学术成长历程的关键事件、重要节点、学术传承关系等的各类文献、实物和音视频资料，并结合不同时期的社会发展和国际相关学科领域的发展背景加以梳理和研究，不仅有利于深入了解新中国科学发展的进程特别是老科学家所在学科的发展脉络，而且有利于发现老科学家成长成才中的关键人物、关键事件、关键因素，探索和把握高层次人才培养规律和创新人才成长规律，更有利于理清我国科技界学术传承脉络，深入了解我国科学传统的形成过程，在全社会范围内宣传弘扬老科学家的科学思想、卓越贡献和高尚品质，推动社会主义科学文化和创新文化建设。从这个意义上说，采集工程不仅是一项文化工程，更是一项严肃认真的学术建设工作。

中国科学院是科技事业的国家队，也是凝聚和团结广大院士的大家庭。早在1955年，中国科学院选举产生了第一批学部委员，1993年国务院决定中国科学院学部委员改称中国科学院院士。半个多世纪以来，从学部委员到院士，经历了一个艰难的制度化进程，在我国科学事业发展史上书写了浓墨重彩的一笔。在目前已接受采集的老科学家中，有很大一部分即是上个世纪80、90年代当选的中国科学院学部委员、院士，其中既有学科领域的奠基人和开拓者，也有作出过重大科学成就的著名科学家，更有毕生在专门学科领域默默耕耘的一流学者。作为声誉卓著的学术带头人，他们以发展科技、服务国家、造福人民为己任，求真务实、开拓创新，为我国经济建设、社会发展、科技进步和国家安全作出了重要贡献；作为杰出的科学教育家，他们着力培养、大力提携青年人才，在弘扬科学精神、倡树科学理念方面书写了可歌可泣的光辉篇章。他们的学术成就和成长经历既是新中国科技发展的一个缩影，也是国家和社会的宝贵财富。通过采集工程为老科学家树碑立传，不仅对老科学家们的成就和贡献是一份肯定和安慰，也使我们多年的夙愿得偿！

鲁迅说过，"跨过那站着的前人"。过去的辉煌历史是老一辈科学家铸就的，新的历史篇章需要我们来谱写。衷心希望广大科技工作者能够通过"采集工程"的这套老科学家传记丛书和院士丛书等类似著作，深入具体地了解和学习老一辈科学家学术成长历程中的感人事迹和优秀品质；继承和弘扬老一辈科学家求真务实、勇于创新的科学精神，不畏艰险、勇攀高峰的探索精神，团结协作、淡泊名利的团队精神，报效祖国、服务社会的奉献精神，在推动科技发展和创新型国家建设的广阔道路上取得更辉煌的成绩。

总序三

中国工程院院长　周　济

由中国科协联合相关部门共同组织实施的老科学家学术成长资料采集工程，是一项经国务院批准开展的弘扬老一辈科技专家崇高精神、加强科学道德建设的重要工作，也是我国科技界的共同责任。中国工程院作为采集工程领导小组的成员单位，能够直接参与此项工作，深感责任重大、意义非凡。

在新的历史时期，科学技术作为第一生产力，已经日益成为经济社会发展的主要驱动力。科技工作者作为先进生产力的开拓者和先进文化的传播者，在推动科学技术进步和科技事业发展方面发挥着关键的决定的作用。

新中国成立以来，特别是改革开放30多年来，我们国家的工程科技取得了伟大的历史性成就，为祖国的现代化事业作出了巨大的历史性贡献。两弹一星、三峡工程、高速铁路、载人航天、杂交水稻、载人深潜、超级计算机……一项项重大工程为社会主义事业的蓬勃发展和祖国富强书写了浓墨重彩的篇章。

这些伟大的重大工程成就，凝聚和倾注了以钱学森、朱光亚、周光召、侯祥麟、袁隆平等为代表的一代又一代科技专家们的心血和智慧。他们克服重重困难，攻克无数技术难关，潜心开展科技研究，致力推动创新发展，为实现我国工程科技水平大幅提升和国家综合实力显著增强作出了杰出贡献。他们热爱祖国，忠于人民，自觉把个人事业融入到国家建设大局之中，为实现国家富强而不断奋斗；他们求真务实，勇于创新，用科技为中华民族的伟大复兴铸就了辉煌；他们治学严谨，鞠躬尽瘁，具有崇高的科学精神和科学道德，是我们后代学习的楷模。科学家们的一生是一本珍贵的教科书，他们坚定的理想信念和淡泊名利的崇高品格是中华民族自强不息精神的宝贵财富，永远值得后人铭记和敬仰。

通过实施采集工程，把反映老科学家学术成长经历的重要文字资料、实物资料和音像资料保存下来，把他们卓越的技术成就和可贵的精神品质记录下来，并编辑出版他们的学术传记，对于进一步宣传他们为我国科技发展和民族进步作出的不朽功勋，引导青年科技工作者学习继承他们的可贵精神和优秀品质，不断攀登世界科技高峰，推动在全社会弘扬科学精神，营造爱科学、讲科学、学科学、用科学的良好氛围，无疑有着十分重要的意义。

中国工程院是我国工程科技界的最高荣誉性、咨询性学术机构，集中了一大批成就卓著、德高望重的老科技专家。以各种形式把他们的学术成长经历留存下来，为后人提供启迪，为社会提供借鉴，为共和国的科技发展留下一份珍贵资料。这是我们的愿望和责任，也是科技界和全社会的共同期待。

周济

曹建猷院士

曹建猷院士学术成长资料采集工作启动会

采集小组人员与曹建猷院士家人

代序　忆父亲

父亲对中国铁路电气化发展初期所作的重要贡献之一是提出采用工频交流电流制供电的建议并获得有关领导批准后在中国全面实施。

我1965年毕业于唐山铁道学院电机系电力铁道供电专业，父亲是我的供电课老师，毕业后在铁路设计院从事铁路电气化的设计工作，直至退休。有人说我是子承父业，不过父亲从事教学，我是从事工程设计工作。在半个世纪的职业生涯中，曾经历了我国电气化铁路除第一段宝鸡—凤州段以外整个发展的历程，同时也从工程技术与运输需求的关系角度对父亲初期力推交流电流制的深远意义有深刻体会。

中国铁路在牵引动力方面已从蒸汽、内燃牵引发展到以电力牵引为主的新格局。截至2016年年底，在总里程10.31万千米中，电气化铁路已达8万千米，电化率达64.8%。我们说电力牵引比蒸汽内燃牵引优越，一个重要理由是拉得多跑得快，但是要充分发挥此优点必须采用交流电流制，工频单相交流制供电电压为25千伏，而直流制多为3000伏，相差一个数量级，因此不论向列车的输送功率大小还是输送距离均远不及交流电流制。由于我国从一开始就一直采用交流电流制，因此能在近三十年来大运能、重载、高速等新的运输需求面前展示强大的适应能力，包括以京沪、京广、陇海铁路为代表的繁忙干线需求（开行5000吨重载列车，客车近 100 对，货流密度 5000 万吨），以大秦铁路为代表的重载铁路需求（单元组合列车牵引定数 2 万吨，年运量 4 亿吨），以京沪高速铁路为代表的高速铁路（年客运量 8000 万人次，列车运营速度 350 千米/时，部分区段 380 千米/时，最小列车追踪间隔 3 分钟，列车 16 辆编组）。值得注意的是，这些数据表明，上述铁路的运输能力已经饱和，而采用交流制的电力牵引供电系统不会成为影响铁路运输能力的瓶颈。基于同样理由，其他铁路运输发达国家由于运输需求提高不再发展原有直流制，而改用交流制，尤其是高速铁路。欧洲的时速 300 千米高速铁路网全部采用交流制。交流制的优点还包括节省工程投资、沿线供电设施布局集中、方便运营管理等。目前世界许多国家（包括我国）的经济矿山铁路还有直流电气化铁路的存在，但我国干线铁路是幸运的，因为在电流制的选择中，我们走在了正确的路上。

中华人民共和国成立前父亲从上海交通大学毕业后本可留上海工作，但为了有出国留学的机会，在母亲全力支持下去了条件较艰苦的西南联合大学。在去美国留学获得博士学位并有稳定优越的生活后，中华人民共和国成立后，父亲经历了各种曲折，克服了重重困难于 1951 年夏回到广州，放弃了在条件优越的上海的任教机会，到唐山接受挑战，全身心投入自己的事业中。在"文化大革命"前后父母都受到了不公正待遇，但父亲在那些年中的精神境界使我既感动又钦佩。始终以开朗的性格笑对人生是对父亲的真实写照。在跨入新时代的今天，父亲始终不忘初心，满腔热情地投入工作，并如愿加入了中国共产党，诠释了自己完美的人生。

谨以此文纪念父亲诞辰一百周年。

曹东白

目 录

老科学家学术成长资料采集工程简介

总序一 ······韩启德

总序二 ······白春礼

总序三 ······周 济

代序 忆父亲 ······曹东白

导 言 ······1

第一章 东湘子弟 ······5

  出生革命热土 ······5
  小学启蒙 ······8
  岳云中学 ······10
  高中生涯 ······13

第二章 "上交"际遇 ········ 15

新入"上交" ········ 15
艰难复课 ········ 17
实业救国 ········ 19
遇见挚爱 ········ 21

第三章 西南联合大学 ········ 24

初为人师 ········ 24
烽火连天 ········ 26
考取留学 ········ 27

第四章 美国留学 ········ 30

共赴美国 ········ 30
美国印象 ········ 33
毕业论文 ········ 35
毅然回国 ········ 39

第五章 初到唐院 ········ 42

招贤榜 ········ 42
电机系 ········ 46
"实践论" ········ 49
参与科学规划 ········ 53

第六章 大展宏图 ········ 58

坚持工频单相交流 ········ 58

宝凤段电气化 ………………………………… 63
　　　出国交流与考察 ……………………………… 68
　　　铁路电气化曲折前进 ………………………… 71

| 第七章 | 峥嵘岁月 ……………………………………… 76

　　　一办计算机 …………………………………… 76
　　　痛失爱人 ……………………………………… 80
　　　笔耕不辍 ……………………………………… 87

| 第八章 | 再续征程 ……………………………………… 91

　　　二办计算机 …………………………………… 91
　　　师资培育 ……………………………………… 98
　　　人才培养 ……………………………………… 103
　　　再次访美 ……………………………………… 109

| 第九章 | 运筹帷幄 ……………………………………… 112

　　　远动技术 ……………………………………… 112
　　　学部委员 ……………………………………… 115
　　　不拘一格 ……………………………………… 117
　　　牵引动力实验室 ……………………………… 120

| 第十章 | 鞠躬尽瘁 ……………………………………… 126

　　　加入中国共产党 ……………………………… 126
　　　教授Ⅰ型 ……………………………………… 131
　　　教授Ⅱ型 ……………………………………… 135

电气人 ·· 138
　　硕果正逢春 ··· 143

结　语 ··· 149

附录一　曹建猷年表 ································ 155

附录二　曹建猷主要论著目录 ··················· 176

参考文献 ··· 178

后　记 ·· 180

图片目录

图 1-1　2013 年《大众日报》对曹建猷的二哥曹国权的报道 ················· 7
图 1-2　曹建猷中学时就读的岳云中学 ······························ 11
图 1-3　曹建猷在岳云中学的成绩单 ······························ 12
图 2-1　曹建猷在上海交通大学的成绩单 ···························· 16
图 2-2　1940 年曹建猷在上海交通大学的毕业照 ······················ 21
图 2-3　1940 年曹建猷在上海交通大学读书时与姚暂明的合影 ············ 22
图 2-4　1940 年上海交通大学电机系毕业生合影 ······················ 23
图 3-1　1940 年曹建猷在昆明西南联合大学工学院工作期间与五位同事在办公房门前合影 ·· 25
图 3-2　第六届清华庚款生先期到达波士顿的九位同学在麻省理工学院主楼前合影 ·· 28
图 4-1　1945 年曹建猷与爱人姚暂明乘船赴美国麻省理工学院留学时的合影 ·· 30
图 4-2　曹建猷与爱人、女儿在美国麻省理工学院旁边的查尔斯河畔合影 ·· 32
图 4-3　1947 年曹建猷在波士顿与杨嘉墀的合影 ······················ 35
图 4-4　1946 年曹建猷在麻省理工学院门口与白家祉、张燮合影 ········· 38
图 4-5　1951 年，曹建猷携爱人姚暂明及女儿曹立白回国时在广东省入境的通行证明 ·· 40
图 5-1　1949 年秋天，曹建猷的岳母和长子曹东白及姚暂明的弟弟在上海的合影 ·· 44
图 5-2　1958 年曹建猷与三个孩子在唐山铁道学院的合影 ················ 45
图 5-3　1957 年曹建猷一家的全家福 ······························ 46
图 5-4　20 世纪 50 年代初，曹建猷在唐山铁道学院电机馆前与电机系教师合影 ·· 47

图片目录　V

图 5-5	1957 年曹建猷与苏联专家在唐山铁道学院的合影	51
图 5-6	1957 年唐山铁道学院电机系教师与苏联专家讨论问题时的工作照	52
图 5-7	1956 年曹建猷在全国科学规划会交通运输组分组讨论时的工作照	54
图 5-8	1956 年曹建猷和同事与苏联专家的合影	57
图 6-1	1956 年 6 月铁道部科学报告会现场	59
图 6-2	青石崖隧道地形照片	64
图 6-3	宝凤段工人正在架设接触网	64
图 6-4	宝凤段电气化施工照	66
图 6-5	宝凤段电车驶出隧道	67
图 6-6	20 世纪 50 年代，曹建猷赴苏联考察时与绝缘研究方面的专家合影	68
图 7-1	1965 年，曹建猷、姚暂明与即将工作的儿子和即将上大学的女儿合影	80
图 7-2	1965 年暑期曹建猷与爱人姚暂明在唐山铁道学院的合影	85
图 7-3	1973 年曹建猷在西南交通大学的工作照	87
图 8-1	1981 年曹建猷在峨眉计算机房的工作照	92
图 8-2	1984 年美国麻省理工学院李凡教授与西南交通大学部分教师的合影	95
图 8-3	1984 年曹建猷与美国麻省理工学院李凡教授的合影	96
图 8-4	《离散数学》封面	97
图 8-5	20 世纪 80 年代初曹建猷和西南交通大学校长刘圣化的合影	102
图 8-6	20 世纪 80 年代初曹建猷在西南交通大学当副校长时的工作照	103
图 8-7	1988 年曹建猷作为导师参加博士生肖建的论文答辩现场	104
图 8-8	曹建猷参加博士生肖建的论文答辩后全体人员的合影	105
图 8-9	1992 年曹建猷参加计算机专业第一个博士生马永强的博士论文答辩	107
图 8-10	1992 年曹建猷参加马永强的博士论文答辩后与相关人员的合影	109
图 8-11	1980 年曹建猷与路湛沁、郭可詹参加交通大学美洲校友会时的照片	109

图 8-12	1980 年曹建猷参加交通大学美洲校友会时与副校长路湛沁的合影	110
图 8-13	1980 年在交通大学美洲校友会期间，曹建猷与王安、董道仪的合影	110
图 8-14	1980 年，曹建猷代表西南交通大学参加交通大学美洲校友会的照片	111
图 9-1	1996 年 6 月 5 日中国科学院第八次院士大会技术科学部院士合影	115
图 9-2	1985 年曹建猷探亲时与儿孙们在峨眉校区凉亭下的合影	116
图 9-3	1983 年曹建猷向西南交通大学教职员工传达第六届人民代表大会第一次会议情况	117
图 9-4	1985 年曹建猷在西南交通大学峨眉校区的生活照	119
图 9-5	牵引动力实验室	121
图 9-6	1993 年曹建猷设宴招待沈志云、孙翔等人	124
图 9-7	沈志云院士骑车带曹建猷去参观实验室	125
图 9-8	1993 年第一届学术委员会上曹建猷给牵引动力实验室学术委员颁发聘书	125
图 10-1	1986 年西南交通大学 90 周年校庆时电气工程学院返校校友合影	131
图 10-2	1993 年曹建猷与孙子的合影	141
图 10-3	1996 年西南交通大学 100 周年校庆时，曹建猷与唐山铁道学院老院长顾稀合影	142
图 10-4	1996 年西南交通大学百年校庆时 1965 届毕业返校学生合影	142
图 10-5	青石崖	143
图 10-6	2016 年 5 月 14 日，曹建猷教授铜像揭幕仪式在犀浦校区电气馆前举行	143

导 言

曹建猷：中国铁路电气化奠基人

1997年，西南交通大学教授、铁道牵引电气化与自动化学科创始人曹建猷院士与世长辞。他的子女尊重父亲的生前遗愿，将他的一部分骨灰撒在宝凤线铁路上，这是中国第一条电气化铁路宝成线起始的地方。没有人问曹院士为什么要将骨灰撒在铁路上，但是大家都知道这里凝聚着他一生心血的结晶。他将自己的生前、身后都融入在自己奋斗的事业中。

当1949年中华人民共和国刚成立的时候，远在美国麻省理工学院求学的曹建猷无比激动，他说："忽然看到祖国的光明，那种从死灰中复苏的心情是无法形容的。"1951年，他毅然放弃美国的优越条件，克服签证等方面的重重困难，乘船绕道印度，举家回国。后来当有学生问及曹院士为什么回国时，他坦然答道："回国工作是我最大的事！"

1953年11月，铁道部决定发展我国的电气化铁路，首先在宝鸡—凤州段采用电力牵引，铁道部抽调部分技术人员在苏联专家的指导下，开始宝凤段的电气化设计。1956年11月，曹建猷在《人民日报》公开发表的文章《我国铁路电气化的途径》中，用了不少篇幅来论证电气机车跟蒸汽机车与内燃机车相比的优势，并坚定地预言电气机车的前途更为广阔。对于有人提出的某些区段电气化采用直流制的过渡方案，他也提出了反对意见，从而为我国统一的单相工频交流制奠定了坚实的基础。1957年1月，铁道部采纳曹建猷的意见，决定将25千伏工频单相交流制列为国家标准，宝凤段也改用交流制重新设计。

由于我国从一开始就一直采用交流制，因此能在近三十年来大运能、重载、高速等新的运输需求面前展示强大的适应能力。20世纪60年代开通运营的宝成铁路宝凤段，结束了中国没有电气化铁路的历史；80年代开通运营的大秦电气化铁路，成为世界运能最高的电气化铁路；2011年开通运营的京沪高铁，是当今世界最先进的高速铁路；2019年开通运营的京张高铁，成为世界高铁发展水平的新坐标。时至今日，中国电气化铁路技术标准和装备水平大幅提升，形成了一大批具有自主知识产权和创新技术的成果，高速铁路、既有线提速、高原铁路、高寒铁路、重载铁路等技术均达到世界先进水平。

资料采集及成果

2017年，采集小组承担了"曹建猷学术成长资料采集工程"项目，开启了和中国铁路电气化奠基人的缘分。其实在立项前的论证环节，我们最大的担忧是曹建猷已经去世20年，他留下了多少资料？其中有价值的资料有多少？他的家人是否配合……一系列疑问在我们一次次与曹家人的接触中逐渐打消。曹家的三个儿女分别保存了其父的一些手稿、文件、照片和日记。其中尤为珍贵的是曹建猷和爱人姚晢明在美国留学期间拍摄的电影胶片和幻灯片，其中还有彩色胶片，这些影像资料记录了他们和来自上海交通大学、清华大学的留学生在美国波士顿的留学生活，这些人包括后来享誉世界的钱学森、王安等。我们也收集到了曹建猷夫妇回国时的海关通行证，经历了这么多年的风风雨雨，这两页贴着他们意气风发照片的小纸条，折射的是那一代中国留学生纷纷回国、振兴中华的群像。

采集过程中工作量最大的是对曹建猷相关人士的访谈，为此，项目组沿着曹建猷的成长足迹，从陶公庙到岳云中学，从上海交通大学的档案馆到中国铁路档案馆，奔赴湖南、上海、北京、天津、西安、广州，采访了

30 余人。我们坐上西安开往成都的绿皮火车，在体验宝凤段的崇山峻岭和千山万壑的同时，感受曹建猷及一代代铁路电气人的坚毅与果敢。

事实上，整个采集过程对项目组全体同仁都是一次精神洗礼，犹记得某次采访完潘启敬老师，走出单元楼，忽然发现地上洒满了清冷月光，一轮明月静悄悄地高悬半空。一位刚刚工作的年轻同事忽然长吁一口气，说道："比起曹老、潘老人生中的遭际，我现在这点事算什么呢？看看他们迎难而上的态度，真是值得我们学习。"

我们采集到了一系列标志性成果，包括但不限于：曹建猷写给吴仲华夫妇讲述在 MIT 的学习和科研情况的信、上海交通大学校友波士顿聚会庆祝建校 51 周年的影片、曹建猷的 MIT 的博士论文、曹建猷发表在 1956 年 11 月 25 日《人民日报》上的关于中国铁路电气化制式的文章、曹建猷于 1960 年写的参与宝凤段铁路施工的工作笔记、1993 年曹建猷所述本人 77 年经历的笔记。

研究报告思路及框架

有关曹建猷的传记，主要是曹建猷逝世 10 周年的一本纪念文集和中国科学院出版的院士小传，有 10 余篇。所幸的是曹建猷本人 1994 年写过近 9 万字的《七十七自述》，是他在 77 岁时对自己人生的回顾和陈述。每每读着他那生动跳跃的文字，就好像听着带着浓浓湖南口音的老先生在娓娓道来，或严肃或戏谑，或沉重或轻快。透过文字，我们不但能把各种采集的资料进行校勘和印证，而且可以感受到他的嬉笑怒骂和胸中丘壑。以至于后来我们可以想象如果出现某种情况，曹老会怎么说。两年的时间，沉浸在他的故事和人生中的我们，会一次次看到他那张挂在学院橱窗、会议室的标准照，从最初的陌生到熟悉，甚至能感觉在他微笑着注视我们的目光中，原来是带着某种殷切和期许。

本传记分为十章，前四章回溯曹建猷的求学生涯，第五到第八章聚焦曹建猷在铁路电气化的开创性工作及其在西南地区成立第一个计算中心的历程，第九章呈现了他作为科研引路人，支持和发展了两个重要的国家级实验室，最后一章对他本人的性格和特质做了描述和分析。

与曹建猷的"相遇"是偶然的，但在一路探寻他的人生轨迹的过程中，我们惊讶地发现他不仅是聪慧过人和高瞻远瞩，而且是如此的鲜活和有趣，这让我们非常珍惜这样的"偶遇"。写作学术传记的工作是艰巨的，因为我们最担心的是，曹老的家人、朋友在看完传记后说，你写的不是我们认识的那个人。所幸，我们得到了很多积极的反馈，曹立白老师给我们回复："传记以曹建猷学术成长为线索和视角，展示了祖国近百年的历史画卷，一口气读完都不尽兴。一边读一边时而大笑，时而痛哭，泪流满面，感慨多多。"能得到曹建猷家人的首肯，让我们有了些许信心，但呈现这样一个伟大而生动的人物，真的是力有不逮，志忑之余，聊以自慰的是，我们努力了，而且我们会继续努力。

第一章
东湘子弟

出生革命热土

1917年5月19日,曹建猷出生在湖南省长沙县㮾梨镇[1]廖家塝。㮾梨镇是一个有着1500余年历史的千年古镇。相传境内陶真人庙前栽有榆树和梨树,两树合而得名,原名㮾梨市,俗称㮾林。㮾梨位于湖南省长沙市东郊、长沙县的中部,距长沙市15千米。抗日战争(简称抗战)以前,有上、下正街各一条,横街一条。正街东起未嫁桥,西止双桥,长1.5千米。横街起于正街中心小码头,北抵龙王庙,长0.5千米。街区呈"T"形,街宽2.5米,麻石铺面。房屋多系木质结构,临浏阳河的房屋均有"吊楼"。清末,镇上有南货、药材、竹木、豆制品、屠宰、铁器、陶瓷等店铺。[2]㮾梨街道自古以来便是经济贸易的集中地,如今更成为远近闻名的工业强镇(街)。

廖家塝是㮾梨镇龙华村一个类似"U"形的地方,曹建猷的祖屋就建在这里。屋前是晒谷场,前面有一个大池塘。[3]平时洗衣在大池塘,池塘

---

[1] 2012年4月13日调整规划为㮾梨街道。
[2] 长沙县志编纂委员会:《长沙县志》。北京:生活·读书·新知三联书店,1995年,第553页。
[3] 当时长沙乡下的房屋大都是这种格局。

旁边是一小块菜地，有桂花和柚树。后院有一口井，供饮用，水质清甜。据当地的老人讲，廖家坳是一块风水宝地，虽然住在这里的人家时有变化，但曾经住在这里的都是有名望的大家族。

曹建猷的祖母姓唐，父亲名武，字绍德，早年参加过兴中会。由于父亲逝世较早，曹建猷记忆最深的长辈是被其称为孟姑的曹孟君。曹孟君是近代有名的革命人士，入选"长沙县百年风云人物"。曹孟君1903年出生，从小聪慧机灵，靓丽可人，受两个哥哥爱国、自由、民主思想的影响[①]，又亲眼见姐姐年轻守寡后被迫进"保节堂"的悲剧，从小就对封建礼教深恶痛绝，立志要做像秋瑾那样的革命女性。1920年，曹孟君考入湖南省立第一女子师范学校。当时五四运动仍在延续，但复古与封建礼教也同时沉渣泛起。因带头剪短发，她被迫离开第一女子师范学校，先后入周南女校、湘福女校就读。1923年，省立第一师范实行男女同校，首次招收女生，曹孟君欣然报考，进入省立第一师范就读。1925年秋，曹孟君考入北京大学。在这片新文化运动和五四运动的策源地，她进一步受到新文化、新思潮的影响，更加关心国家时事，参加政治活动。在共产党员李芬的帮助下，她开始阅读《共产主义ABC》《苏维埃制度》等进步书籍，在思想上接受了马克思主义，不久加入中国共产党。[②]

曹建猷，在曹氏宗族辈分中属于"典"字辈，所在家谱中称"典建"。大哥民彝，二哥国权，姐姐再春。大哥曹民彝比曹建猷长五岁多，二哥比曹建猷长四岁，小时候在一起玩耍，总是大哥带头出主意，自称刘备，二哥自称关公，曹建猷则称张飞。常常以"在下刘玄德……""老子张飞"

---

① 大哥（曹武）是追随孙中山革命的同盟会员，二哥是革命者柳直荀的挚友。

② 1945年抗战胜利前后，曹孟君主要以中央银行经济研究所编纂的身份作掩护开展工作，担任中苏文化协会妇委会、中国妇女联谊会等多家妇女进步团体的负责人。民盟成立后，还担任过秘书长和组织、联络委员。1948年年底，她因被国民党列入黑名单，由上海经香港进入解放区，参加中国人民政治协商会议的筹备工作，同时担任全国妇联国统区工作部部长，建立与从国统区来解放区的妇女的联系。中华人民共和国成立后，曹孟君被任命政务院参事，担任全国妇联妇女服务部部长，参与研究制定和宣传贯彻《中华人民共和国婚姻法》的工作。在第一次全国妇女代表大会上，她当选为全国妇联执委。从1956年起，她担任全国妇联书记处书记、分管国际工作，兼任国际民主妇联理事会、执行局执委，是第一至第三届人大代表、第三届全国人大常委会委员、全国政协第一至第三届委员。1967年，曹孟君因病在北京逝世，享年64岁。

等称呼开玩笑。

曹再春受其姑母曹孟君影响，早年也曾投身革命，加入中国共产党。

二哥曹国权在中国地质事业上有着卓越贡献。1940年于北京大学毕业时，正值中华民族遭受日军疯狂入侵之时，他抱着工业救国的理念，投身于地质找矿事业。曹国权运用地质力学理论，和省地质六队（现在的六院）职工一起发现和评价玲珑九曲金矿，系统地总结了胶西北早起华夏系"S"形构造对金矿的控制作用，使山东找金工作在宏观认识上产生了突破性的飞跃。此后，地质六队在三山岛和焦家发现了两处特大型金矿床，并在全国首次提出了"破碎带蚀变岩型金矿"类型，阐明了其成矿机理。曹国权在65年的地质生涯中，踏遍了祖国的山山水水。在山东工作的40年，几乎每处大型矿床、重要的地质剖面都留下了他的足迹。2013年，山东省国土资源厅副厅长王桂鹏评价他为"齐鲁地质魂"，并为其写了一首诗："泰山不老松，齐鲁地质魂。实业救中国，求学赴昆明。革命一甲子，地

图1-1　2013年《大众日报》对曹建猷的二哥曹国权的报道

质伴终身。山东四十年，硕果赖根深……"①

小　学　启　蒙

1923年，曹建猷在长沙市崇实女校附小入学，没上多久转入小坟山小学。学校条件简陋，几个年级挤在一个教室上课。校园后面有一块平地，曹建猷和同学课间常去那里玩耍。

当时曹建猷家中在㮾梨镇有个祖业——一家南货店，在大码头中正街1号。父亲曹武曾在岳阳当过稽查，由于早年参加过同盟会，因此家中忽然发生了一场变故。曹建猷只记得出事那天，他和管家盛炳章睡在下房。后来有人来叫管家，结果管家出去之后曹建猷便听到两声枪响，接着又是一声。曹建猷闻声出去时，只见家中保姆用手捂着肚子说："为什么要打我呢？"

当天恰好是曹武生日，他在㮾梨打麻将还没有回家，听到风声后就逃走去了汉口。事后得知闯进家门的一帮人领头的看见管家，以为是曹武，开了两枪，第三枪偏出误中保姆，保姆后来得救。

年幼的曹建猷当时吓得躲到米房，两个持枪的家伙穿过米房往后屋去，没理会曹建猷这个小孩。曹建猷的母亲急中生智说是来祝寿的，敷衍了过去。此事过后，全家迁往汉口。

迁入汉口后，曹建猷在一所教会小学——道生学校就读。当时道生学校的楼房是红砖，比较新。外面有一片运动场，是学生休息和玩耍的地方。读了一年左右，1925年暑假，曹建猷被母亲接回长沙。刚回长沙，暂住一亲戚家。母亲去联系过楚怡小学，不知什么原因没上，又过了半年才插班上一年级。楚怡小学当时在长沙市很有名，在曹建猷的印象中大抵属于"贵族学校"之类。每年都举办家长会、菊花会等活动。有演出，还出

---

① 赵洪杰：曹国权：齐鲁地质魂.《大众日报》，2013年11月30日。

售糖果、汽水、玩具等，很热闹。

在楚怡小学期间，曹建猷住在宗亲曹省三那里。曹省三是学校的教员，有一间宿舍，给曹建猷搭了一个小床。每天晚上，他都要看曹建猷的功课。读完一年级，暑假后直接跳级到三年级。在一年级时曹建猷考了第二，三年级时又考了第二。

三年级时曹建猷交了一个好朋友，是住校的黄佑文。下午课后，他们常在一起打乒乓球。未料若干年后，曹建猷来到上海，意外地发现黄佑文也考上上海交通大学电机系，竟然还跟曹建猷是同班。

学年期末，曹建猷的父亲和一家人从汉口回来，又改住槊梨。1927年，曹建猷被安排到槊梨市立小学。曹建猷去报名时，只考了一篇作文就被录取了，当时乡下小学生跳级的多，曹建猷被直接安排在四年级。曹建猷考高小时是分批发榜，他那批录取了六七个人，曹建猷是第一，可随着贪玩，成绩也一落千丈，两年下来，班里毕业二十六人，曹建猷考了第二十三名。

是年，家里发生了变故，曹建猷的母亲离开了家。同年，父亲在汉口病逝，孟姑回来大哭了一场。从此孟姑为了家业便在只差一年毕业之际辍学，直接参加工作了。

1927年暑假，曹建猷考上长沙县第二高级小学。姐姐仍在梨江女校。当时第二高级小学只收男生，校址在上正街头陶公庙一侧，只有两个班，每个班约40人，教员也不多，校长只偶然来学校。

暑假，大哥总领着曹建猷等弟弟妹妹去河对面小石滩游泳。最初，其他人都会游，只有曹建猷不会。于是便两手撑着学踢腿，日子久了，才学会浮水。大哥会编故事，常给几个弟弟妹妹讲"亚森罗宾"，尽管曹国权总说他是编造，但曹建猷依然非常爱听。在高小时，曹建猷便开始看小说。从小书看到大部头的《三国演义》《西游记》《水浒传》，后来还看了《聊斋志异》。

1929年暑假考中学，孟姑建议曹建猷考岳云中学，因为二哥曹国权也在那里。曹建猷当时对考什么中学并不关心，因为之前一路考学都很顺利，也就没有放在心上，玩性如初。

放榜那天，曹建猷独自步行三十里去长沙看榜。榜贴在学校门厅里，曹建猷从头到尾看了一遍，没有自己的名字，又看了一遍，仍然不见。于是又步行三十里走回家。一走进家门忍不住放声大哭。"是老三没考上吧？"祖母听见了，起身说。事后祖母说，去找找杨满叔，他认识那里的教务主任。

岳云中学当时分两批招生。第二批招生曹建猷也不清楚是由于自己努力复习的原因，还是杨满叔去找了教务主任的缘故，反正他被录取了。于是，曹建猷背着行李跟着哥哥国权一道去了长沙岳云中学，开启了中学生活。

岳 云 中 学

岳云中学是一家颇有名气的私立中学①，创建于1909年2月，最初定名为湖南南路公学堂，校址设在长沙子桥。1912年更名为湖南第二公学校，校址设在长沙市荷花池。1914年2月改名为湖南私立岳云中学，定校庆日为4月22日。②

曹建猷入校时，全校学生700余人。进学校大门，过门厅，便是一个大院。中间是办公楼，右侧是教室，左侧是宿舍，往里走是食堂、体育馆和礼堂。过办公楼往里有两排教学楼，后楼是为高中学生新建的教室。前院直道两边有冬青树，修剪得十分整齐。校门对面过马路是大操场，有三个篮球场和田赛、双杠等设备。初中到高一学生的宿舍在校外，校内宿舍供高二、高三学生用。校外宿舍较大，但都是平房，里面还有单身教职

---

① 学校秉承"勤恪忠毅"之校训，矢志为国育才，已培养高初中、专修科毕业生4万余人，其中不乏英豪俊杰，如革命先驱杨开慧、李启汉、何孟雄、潘心源，文学家丁玲、叶紫，军事将领邓华、成普，音乐家贺绿汀，院士李薰、孟少农、曹建猷、钟训正等。

② 1935年创办南岳分校，1936年又在南岳增设高级农校。1938年，长沙校本部迁入南岳，再迁白果。1944年6月，迁回南岳，定南岳为永久校址。1951年11月，由湖南省人民政府接管，改名为湖南省立岳云中学。1984年3月，湖南省教育厅报经教育部同意，恢复原校名岳云中学。

宿舍。

校外宿舍往南有一个小操场，里面有网球场和排球场。途经武门过铁道有一个800米跑道和足球场、棒球场。校运动会和省运动会都在那里举行。由于距离学校颇近，基本上成了学校专用的运动场所。

岳云中学由当时湖南著名教育家何炳麟先生创建①。大院草坪上有一个陈宜诚先生纪念碑，他曾经捐助了巨资②。岳云中学当时每个学生每个学期学杂费加食宿费50余元，其中伙食费每月4元8角。照例每年有些结余，退还给学生。当年长沙肉价比上海便宜许多，所以伙食还可以，高中食堂办得更好。

图1-2 曹建猷中学时就读的岳云中学

初一教室在后院第一进旧楼，可容70人，曹建猷入学后便在那里上课。进入中学后曹建猷最初玩性不改，因此受到英文教员向又荣的特殊"照顾"。上英文课他常提问曹建猷，曹建猷总答不上来。先是就地罚站，后来让其站到讲台一侧。学期结束后成绩单寄到家，曹建猷虽都及格了，但评语是"懒而好吃"，操行"丙"。

岳云中学淘汰率很高。越到高班，学生越少。到初中毕业时大约只剩下一半，这其中还包括上面两个年降班的。一年级暑假时，红军进攻长沙，曹建猷辍学在家。一宗亲长者来家见到祖母对她说，孩子还是应当让他上学，于是曹建猷便又去了学校。由于已开学7周，学校只同意作为"借读"，不算学籍，结果一学期下来，除数学勉强考了63分外，其他学

---

① 张建光，李崇凯，杨振祥：《百年岳云——岁月留痕》。长沙：湖南文化音像出版社，2009年，第1页。

② 杨光辉访谈，2019年5月31日，衡山。资料存于采集工程数据库。

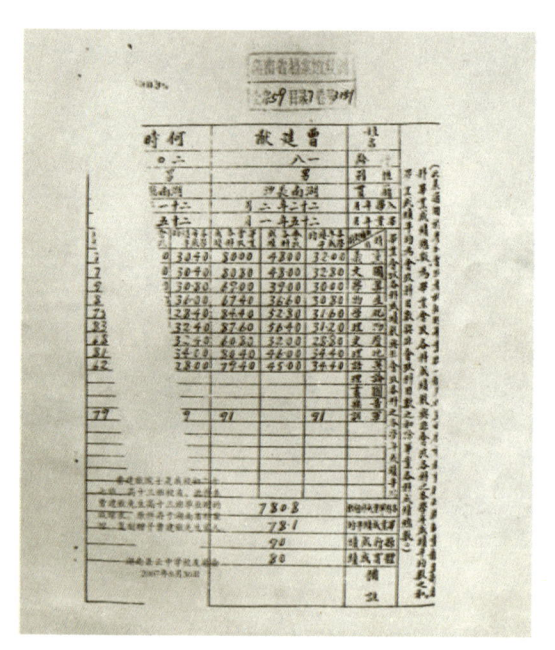

图1-3 曹建猷在岳云中学的成绩单

科均不及格。于是曹建猷从秋季结业变成了春季结业。

1931年春天，曹建猷重读二年级。

重读二年级，是曹建猷学业中的一个大转折。

这学期由于学费不足，曹建猷便和表哥胡爱龙住校外赵家。胡爱龙与曹建猷同班，是个典型的好学生，晚自习坚决拒绝和曹建猷玩。看着胡爱龙读英文，不跟自己玩，曹建猷也只好勉强翻开课本读。读完，看看胡爱龙还在读，对自己仍然毫不理睬，曹建猷只好接着再读。数学习题也是如此，胡爱龙坚决不借给曹建猷抄，曹建猷只好硬着头皮自己做。

时间长了，曹建猷干脆也不再去打扰表哥了。在表哥的影响下，曹建猷由最初的应付学习渐渐养成了一种主动学习的好习惯。那年，学校举行会考，数学考下来，曹建猷竟然得了班里第二，考英语也得了班里第二，都比表哥好。忽然间曹建猷变得小有名气，老师们开始对其另眼相看。特别是英文老师熊克立，提问首先就叫曹建猷。三年级时学校举行英语演讲比赛，曹建猷在有诸多高中生参赛的情况下取得了第三名的好成绩。

初中后期，曹建猷忽然对英语的兴趣大增。孟姑给他订的一份初中英语周刊成了他的宝贝。见到好文章便一遍一遍地熟读，课文也是如此。读得多了，单词、用法、语句也全会了。同学们大多都有一个生词本，而曹建猷从来没有。

岳云中学有一个好的传统——注重体育教学。校长何炳麟常以"体育救国"的口号鼓励学生参加体育锻炼。他说："国家之强弱，赖乎国民之健全，恃乎体育之普及。"岳云中学体育教学的方针是普及为主，在普及的基础上提高。岳云中学明文规定："本校体育是以发展全体学生体育技能为依归，不以养成运动选手为目的。"1922年下学期制定的试行新学制简章中即明文规定："学生凡体育不及格者一律不准毕业。"曹建猷读书时，每天清晨必去操场800米跑道跑一圈。因此，曹建猷的体育也不错，还参加过学校的400米接力赛。

临近毕业，全省毕业会考顺利通过，曹建猷考分还不错。学校对会考成绩好的学生免试。于是曹建猷顺利进入高中。

高 中 生 涯

1933年9月，曹建猷考入岳云中学，被分到高十三班。入学时有四五十人，由于每个学期都有留级或退学的，到毕业时班上只剩二十人。

高一暑假，孟姑曾回老家小住。那年暑假，为弥补自己古文的不足，曹建猷开始在家将所读古文抄写，并一一夹注，装订成册。做完仍感觉意犹未尽，于是又上阁楼翻出家藏《资治通鉴》《左传》《战国策》等书。忽然间意外地发现《战国策》原来是一个个故事。翻开一读，便觉得爱不释手。一个暑假过去，文思大进，以致返校后忽然发现作文开始变得十分顺手。

高中期间，曹建猷学习成绩好的另一门课程是化学。高中数理课大都用英文原本。化学用的是耶鲁大学的《布林克利：普通化学》(*Brinkley: General Chemistry*)，1926年版精装影印。这本书从一开始便给出一系列定义，给人一种进入科学殿堂的感觉，曹建猷兴趣大增。初中数理课本中常有科学名人照片和小传，那时曹建猷便憧憬着将来当一名科学家。接触化学后，他觉得这个科学家具体化了——是化学家。曹建猷把课本读得很仔细，还注上前后参考的页次、周期表，从头到尾记得滚瓜烂熟。直到77岁，曹建猷写自己的小传时还能流利地背出化学元素周期表。

大哥民彝在曹建猷上高三时突然去世。他在南京发病，由二哥国权陪同，回到乡下疗养，那个年代由于缺乏特效药，最终因肺病早逝。

高三暑假，曹建猷便开始认真准备考大学的事情。最初曹建猷的想法是考北洋大学，因为十二班的同学杨克敏在那里。复习期间，孟姑给曹建猷订的两期《东方杂志》到了，上面有清华大学和上海交通大学前一年的考题。对比之后，曹建猷意外地发现上海交通大学的数学题和化学题似乎更难，忽然间对上海交通大学产生了一丝神秘感。

后来曹建猷听说上海交通大学毕业是"铁饭碗"，恰逢当时家境每况愈下，于是决心考上海交通大学。

二哥曹国权之前为照顾大哥，耽误了学业，拖到这一年也考大学，他准备考北京大学。曹建猷毕业后，先去了南京。曹国权有家事要处理，迟了些时候才去。二人在南京住了些时候，五六月份又去了上海。在上海见到曹国权的同学曾球藩和他的哥哥曾承典。曾球藩在上海交通大学电机系，他哥哥在机械系。经他们介绍后，曹建猷才开始对上海交通大学逐渐有了了解。

高考志愿快到最后抉择时刻，曹建猷开始为难。虽然定了报考上海交通大学，但是到底报哪个专业呢？来上海之前，高中化学老师张德粹曾劝他学工业化学，可是在上海交通大学学习的曾氏两兄弟都反对，说工业化学不好。一方面，哥哥曾承典劝曹建猷考机械系；另一方面，弟弟曾球藩劝曹建猷考电机系。曹建猷翻开报考指南，发现几个院系中电机系录取分最高，最难考。曹建猷一时没了主意，最后采取了抓阄的方法，他做了十个纸团，五个写上"机"，五个写上"电"，然后从中抓出五个，结果一打开，惊讶地发现竟然都是"电"。这个概率实在太小了，于是，曹建猷下定决心：报电机系。

二哥曹国权报考的是北京大学地质系，他考完因为家里有事要打点就先回家了。曹建猷回到南京见到孟姑。孟姑问考得怎么样，曹建猷说："要么考不上，要么前五名。"孟姑说："你不要吹牛。"结果等到发榜日，曹建猷从报纸上看到自己被录取了，而且是第四名。二哥国权被北京大学录取，真可谓"双喜临门"。

第二章 "上交"际遇

新入"上交"

据统计，1936年上海交通大学报考者多达1778人，而录取的只有181人[1]。竞争之激烈，可见一斑。不过凭着扎实的基础和刻苦的备考，曹建猷还是杀出重围，顺利地考入上海交通大学。

当时上海交通大学在徐家汇"华界"一侧，曹建猷报到时发现，学校朱门大院，尤似王府。进门左侧是女生宿舍，只能容20余名女生。曹建猷听说当时是毕业多少，才招多少，所以女生历来不多；右侧是图书馆，再往里是一排建筑，左侧是教员俱乐部和体育馆，内有球场、健身房和游泳池；右侧是容闳堂，即办公楼，内有打字间，键声如雨，终日不断。这排建筑与图书馆之间是一片大草坪，中间有喷泉。草坪左侧是篱笆，与南洋模范中学隔开。当时南洋模范中学是上海交通大学预科班，后来独立出来。草坪右侧是中院和上院。上院整体已经倾斜，据说当时土木系教授预测还可以用15年，果然那以后便重建了。上院后面是工程馆，两层"口"

---

[1] 盛懿，孙萍，欧七斤：《三个世纪的跨越——从南洋公学到上海交通大学》。上海：上海交通大学出版社，2006年，第127页。

字形建筑，较新。重型实验室、工厂实习等都在那里。

报到当天，曹建猷早早就去了。住宿安排在中院二楼，整个房间住了5位同学。来到上海交通大学，曹建猷惊喜地发现昔日同学黄佑文也在，他也住在中院，跟曹建猷隔两间屋，那里一起住的还有陈嘉实。其余还有雅礼来的湖南老乡、电机系的余其渊，明德中学毕业、土木系的钟以庄。很快，这帮湖南同学就熟悉起来。

进入大学后，曹建猷的玩性开始收敛，将身心逐步都投入学习之中。

大一阶段，曹建猷感觉同学们最重视的两门课是物理和化学。这两门课考核非常严格，开学伊始便张贴出课程的小考日期和时间，其中物理六次，化学三次。物理老师是时任理学院院长裘维裕教授，毕业于美国麻省理工学院。上课时，虽然有脚本，但他主要用油印讲义。当时物理考题很难，但是曹建猷觉得这其实是一种极其严格的基础训练，同学们都获益匪浅。

上海交通大学素有"三分之一不及格"的说法，即一个班级的学生，不论其考试成绩如何，老师应按三分之一不及格批卷。因此老师总是出偏题、难题，掌握三分之一不及格的主动权；学生则专攻难题，预做教科

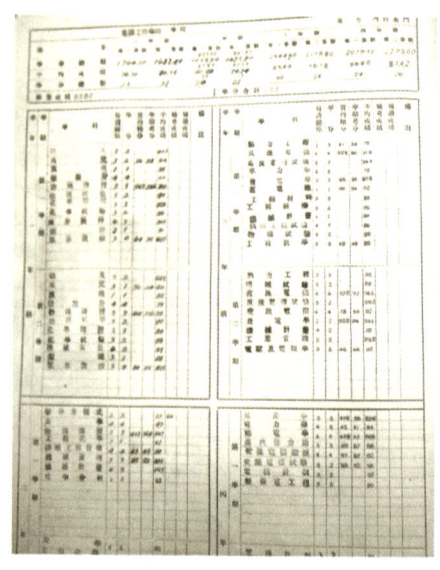

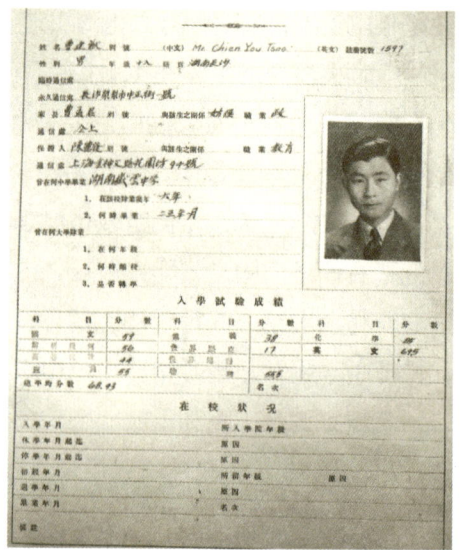

图 2-1 曹建猷在上海交通大学的成绩单

书后面的总习题，争取跳出三分之一的陷阱。即便在抗战时期，也是如此。①1939 届校友傅常景对当年的考试经历历历在目："我侥幸考入了上海交通大学，但这只能说是过了第一关。过五关，斩六将，以后关还多着呢！入学后觉得功课不轻，多数老师授课时滔滔不绝，一小时要讲很多内容。很多课程每学期有定期考试两次，一般都在晚上考，一考就是三个小时。尤其是物理，同学们比喻'上屠宰场'，言其难得要命。特别是计算题，犹如迷魂阵，很难走出来。"②

一年级暑假大一学生集中军训。地点安排在华精镇的一处临街兵营。原计划军训七周，中间由于"七七事变"，于是在 7 月 8 日前后军训便提前结束。曹建猷便回到了长沙。

艰 难 复 课

直到 1937 年 11 月份曹建猷等才接到复课通知，彼时学校已经迁到租界，他们不知道的是在此之前学校经过的一番折腾。

9 月 6 日，时局危艰，上海交通大学教授会议决定，三四年级先设法在法租界租房上课，一二年级暂迁内地上课。然而，当时的教育部否决了这个决定，并密电回复："上海交通大学宿著成绩，政府期望至殷，所处环境可勉励进行，务望立即设法开学，为国效力。"③

1937 年 11 月 12 日，上海沦陷。战火笼罩中的上海交通大学，幸亏提早做了一些安排，才避免了重大损失。时任校长黎照寰在卢沟桥事变伊始便意识到战火必定殃及学校，便着手组织搬移委员会，筹备转移图书、仪器。根据 1932 年 "一·二八" 事变时的搬迁经验，学校在法租界租房数处，

---

① 盛懿：交通大学抗战时，培养了 "海陆空" 人才．《文汇报》，2015 年 8 月 21 日．
② 盛懿，孙萍，欧七斤：《三个世纪的跨越——从南洋公学到上海交通大学》．上海：上海交通大学出版社，2006 年，第 128 页．
③ 《交通大学校史》编写组：《交通大学校史（1896—1949）》．上海：上海教育出版社，1986 年，第 323 页．

将重要图书快速迁到租界内分散储藏。各个实验室、工厂的仪器设备也尽量装箱代运。"八·一三"事变爆发后，战火首先在上海东北部点燃，上海交通大学位居上海西南部，距离战场相对较远，而且与保持中立状态的法租界只有一墙之隔，校外宿舍在租界内。有利的地理位置加上提前的准备，给学校的转移提供了空间和时间。到上海沦陷前，价值30万元共8万余册的图书资料全部转移出校园。后来经过多次转移整理，图书大部分放置在震旦大学（原上海第二医科大学，今上海交通大学医学院校址）校内。①

曹建猷当时在上海交通大学上课的地点在震旦大学新建红楼的四层。当时校舍非常紧张，一二年级的学生都集中在四层上课；三四年级则迁到中华学艺社的一座三层小楼上课。据上海交通大学校友回忆，有些教室小得容不下听课和旁听的学生，很多学生只能在走廊里听课；有些教室白天排不上课，就排到晚上，依然排不下的就排到星期天；有些教室不够用，就只能等其他学校学生上完课后见缝插针地进入他校教室上课。②

曹建猷当时在上海交通大学电机系上课，在这座"学理与手艺并进"的交通大学里上课，实验室和实习工厂是理工科学生教学的必备设施。尽管上海交通大学价值百万余元的贵重设备也提早转移到了法租界，但是为了避免日军进入租界全盘接收，大多数设备都封存隐藏起来。因此，各个院系只能各显神通，想方设法地为学生提供或创办实验场地。比如，物理系各种实验多在中国科学社进行；化学系借用工程学会工业实验室进行实验。曹建猷所在的电机系则借用震旦大学和中法工学院等处的电机实验室进行实验，不过时间只能安排在其他两校的教学空当期或者放学之后。③

大二时，除了物理，还有机械学、工程数学、电工原理。上午照例排满，下午做实验和工厂实习。暑假期间，曹建猷当了40天家庭教师，得到40元报酬，大部分都拿去装收音机了。

---

① 盛懿，孙萍，欧七斤：《三个世纪的跨越——从南洋公学到上海交通大学》。上海：上海交通大学出版社，2006年，第166页。

② 盛懿，孙萍，欧七斤：《三个世纪的跨越——从南洋公学到上海交通大学》。上海：上海交通大学出版社，2006年，第170页。

③ 盛懿，孙萍，欧七斤：《三个世纪的跨越——从南洋公学到上海交通大学》。上海：上海交通大学出版社，2006年，第171页。

实业救国

三年级的重头课是马就云讲的直流电机和陈石英讲的热力工程,都是一年。另外还有电工测量、蓄电池、交流电路、工程材料、工程经济、企业管理等。马就云和后来讲交流电路的钟兆琳都是陈石英的学生。上海交通大学有一个好传统,就是教授亲临实验,所以上海交通大学的实验效果很好。

大学三年级期末,有人提议给毕业班宴别。几个班代表在一起商量以什么名义合适,最后有人建议成立电机工程学会。二年级的王达力荐曹建猷当会长,说"曹建猷当会长气氛会活泼些",于是曹建猷便成了会长。

假期学校要求学生实习,经系主任介绍,曹建猷去了华通电机厂和华成电机厂实习。后来经电工原理老师曹凤山介绍,曹建猷又去了亚美公司实习,在那里造修收音机。

"交通为实业之母,铁道又为交通之母。"孙中山先生的"实业救国"思想影响了诸多学子。为了发展实业,改善民生,1935年,上海交通大学几个学子一起成立了建设事业励进社。

建设事业励进社的发起人是沈家桢。1937年3月的一天晚上,电机工程学院即将毕业的学生沈家桢在宿舍里面忧于国事难以入眠[①]。他起床对同室的沈嘉英叹道:"中国这么大,还受日本的欺负,原因就是中国的国力不强。国力不强的原因是实业不强,实业不强的原因是技术不强。"他接着道出了自己的想法——组织一个学生社团,把大家长期团结、凝聚在一起,在校相互砥砺,出校相互携手做事。沈嘉英对此想法表示赞成。沈家桢考虑了一会儿说:"我想出了一个组织的名称,叫作建设事业励进社,宗旨就是八个字:发展实业,改善民生。"沈嘉英一听就说:"好极了。不过,这个名称太长了一些,不容易让人记住。我建议把正式名称定成建设事业

[①] 盛懿、孙萍、欧七斤在《三个世纪的跨越——从南洋公学到上海交通大学》一书中记录的时间为1937年,而《社报》在《建设事业励进社简史:一九三五年至一九四九年》等几篇报道中提到建设事业励进社的成立时间应为1935年。

励进社,再给它起一个简单一点的名字。"他沉思了一会儿说:"古人常说一心一德,孔夫子还有'吾道一以贯之'的名言,我们成立这个组织,也是要一心一德做事,一以贯之坚持宗旨。再说,一字打头,登在电话本上的时候,别人第一眼看见的就是我们一社。我看就叫一社好了。"[1]

俩人非常兴奋,把同班同学魏重庆等人叫来商议。听说要成立一社,大家都很赞成,当下就成立了发起小组,拟定章程、分派工作,到天亮的时候,"建设事业励进社(一社)"便宣告成立了。消息传开,先是电机工程学院的大四学生纷纷加入,接着电机工程学院其他班级的学生也加入进来,又发展到其他学院的学生,成为上海交通大学当时颇具凝聚力的学生组织之一。

随着社员的增多,有人主张开工厂,有人建议修铁路,有人想建海港造轮船……面对大家的理想,有人俏皮地说,现在就缺钱了,如果把政府的财政部搬过来,这里马上成立一个实业部。沈家桢认为不能仅仅纸上谈兵,办工厂、修铁路、造轮船是日后的事业。当下首先要解决缺钱的问题,比如能否办个科学杂志,联络科技青年,向大众推广科学技术,帮助社会进步。创办杂志的想法得到同学们的积极响应,当即决定开办三份科学普及性的杂志:《科学大众》《大众医学》和《大众农业》,面向青少年和社会大众发行。至于筹集办刊经费,同学徐明甫出了一个主意:合作翻译一部英文科技书籍,送交出版公司,赚取的稿费就可以当作办刊的费用。说干就干,5位英文较好的同学找来一本当时最新的无线电专著《无线电原理及运用》,每人分担五分之一,连夜翻译,两个星期就把中文书稿送进了开明书店,三个月后就出版了。书中用笔名"丁曦",寓发扬之意。[2] 当译者们把数百元的稿费领回学校时,社员们欢声雷动,热情高涨。

一社志在实业,无关政治。社员之一王则甫在一篇名为《关于"一社与政治"》的文章中提到,"反对一社与政治混在一起的意见""一社应该与政治保持相当的绝缘"。[3] 正是由于一社不插手政治的作风,让一向对政治

---

[1] 盛懿,孙萍,欧七斤:《三个世纪的跨越——从南洋公学到上海交通大学》。上海:上海交通大学出版社,2006年,第154页。

[2] 建设事业励进社简史:一九三五年至一九四九年。《社报》,1949年,第101期。

[3] 同[2]。

不感兴趣的曹建猷最终决定加入一社。①

大学三年级暑假，经吴天霖介绍曹建猷加入了"一社"，曹建猷是加入的第 36 人，排号 36。

为了实现实业救国的抱负，曹建猷对一社寄予厚望。1949 年，他还曾在《社报》上发表文章《我们不可改变作风》。文中提到："现在的一社，与当年开始组织时虽略有不同，而人员仍决心办一番事业，发展事业，改善民生，办模范工厂，做科学宣传。虽然我们现在所做到的只有最后一项，虽然我们的理想仍是高尚的，但不少社友为了生活，只好暂时放弃理想，我希望我们不要改变作风，否则我们社的组织就失去他原有的价值了。"从中可以看出，曹建猷自大学时代起，就一直想做一番事业。后来的事实也证明他发展事业的理想和决心一直很坚定，并且跟随了他一生。

图 2-2　1940 年曹建猷在上海交通大学的毕业照

遇 见 挚 爱

在一社，曹建猷认识了未来的妻子姚晢明。姚晢明是上海交通大学电机系 1938 级的学生，假期常去震旦图书馆温习功课。有一次，曹建猷请

---

① 唐山铁道学院高等学校教师调查表，共 8 页，"简历为 1939 年加入建设事业励进社（一社），由吴天霖、秦宝同同学介绍，加入地点在上海交通大学"。1952 年 11 月 6 日。存于西南交通大学档案馆。

图 2-3　1940 年曹建猷在上海交通大学读书时与姚皙明的合影

姚皙明誊写一份材料，她只问了一句"什么时候要"便接受了。姚皙明写字十分秀丽，跟她清新的气质十分相似。慢慢两人熟识起来，在震旦大学围墙尽头路口不远有一个法国公园，后来成为二人经常约会的场所。时间一长，这事很快传开，同学们都知道了。姚皙明平日文静，不苟言笑，学习非常认真。她的成绩在工学院总评第一，并获得了戊戌奖金和留英同学会奖金。后来，她母亲知道了，托人打听曹建猷情况。一天裴维裕先生找曹建猷问其学习情况，了解之后夸他是个好学生。裴维裕和姚皙明是无锡同乡，事后见面时曹建猷才知晓。姚皙明的父亲是老上海交通大学毕业，在无锡当过建设局长。母亲娘家姓华，是无锡大姓。

大四时，曹建猷搬去后楼三楼，和殷向午、舒子范、王安住同一个宿舍。这里很快成了一个小型的"学术中心"，同学间对问题有争议，便来此处寻求"公断"，甚至有时机械系的同学也找来。因为从大二学习力学开始，热工等课程便和机械系同班。到了大四，电机系的学生也开始修一些机械系课程，如蒸汽发电、汽轮机和内燃机等。教力学的老师原来是杜光祖，他和钟兆琳是上海交通大学两大有名的教授。杜光祖走后，由沈三多接替。曹建猷习惯用原始的平衡方程解题，比较快，很少用专用公式，每次考试都是第一个交卷。

为了更好地熟悉电力，曹建猷要求学校组织学生到工厂实地参观，起初老师没同意，于是曹建猷又用电机工程学会名义联系，请了一位老师领队前去。同学们先后参观了杨树浦发电厂、法租界发电厂、郊区电话交换所、灯泡厂等，甚至还去了天厨味精厂和泰康公司，大开了眼界。临近毕业，杨树浦发电厂来学校招人，曹建猷报了名。后来西南联合大学也来招人，曹建猷考虑这是去内地的一个好机会，和姚晰明商量后她也表示同意，因为在内地可以考取庚款公派留学。此后，二人的关系更加密切，同时也为二人成功考取留美研究生、共赴美国求学、生活奠定了基础。

图2-4　1940年上海交通大学电机系毕业生合影（前排中间戴领带者为曹建猷，前排右一为姚晰明）

第三章
西南联合大学

初 为 人 师

1940年夏天，从上海交通大学毕业的曹建猷准备到已经搬迁至昆明的西南联合大学报到，姚晢明还有两年才大学毕业，两人约定毕业后曹建猷再来接她。之前从上海去昆明走海路比较方便。日本占领香港后，此路就不通了，曹建猷先经香港去海防，再去河内乘车到昆明。与其同行的有殷向午夫妇、周威先夫妇，以及机械系的赵硕欣、林文琏、韦文林、毛萃初，还有同班的范文禧等。

到达昆明时是8月25日，学校还没有开学，曹建猷等很快找到西南联合大学工学院并见到了系主任倪俊。

国立西南联合大学是抗战开始后高校内迁设于昆明的一所综合性大学。1937年11月1日，由国立北京大学、国立清华大学、私立南开大学在长沙组建成立的国立长沙临时大学在长沙开学（这一天也成为西南联合大学校庆日）。由于长沙连遭日机轰炸，1938年2月中旬，经国民政府教育部批准，长沙临时大学分三路西迁昆明。1938年4月，改称国立西南联合大学。从1937年8月国民政府教育部决定组建国立长沙临时大学开始，到 1946 年 7 月 31 日国立西南联合大学停止办学，西南联合大学共存在了 8 年零 11 个月，"内树学术自由之规模，外来民主堡垒之称号"，保存了抗战时期的重要科研力量，培养了一大批卓有成就的优秀人才，为中国和世界的发展进步作出了杰出贡献。

当时西南联合大学由校长蒋梦龄、梅贻琦、张伯苓轮流主校。工学院在东南角拓东路迤西会馆，由土木、机械、电机、航空、化工五系组成。施嘉炀任工学院院长。

学校的单身助教和讲师住在望苍前院。曹建猷分在楼下西厢单间。钟士模也是上海交通大学毕业，二人很快就熟悉起来。电机系还有来自南开大学的陈荫谷、昝宝澄，清华大学的孙绍先、陈丽娟。

图 3-1　1940 年曹建猷在昆明西南联合大学工学院工作期间与五位同事在办公房门前合影（右二为曹建猷）

第一学期，曹建猷给范崇武当助教，辅导直流电机课程，并担任实验助理。有一次日军空袭昆明，他和范崇武夫妇跑到近郊一田地边，一架日本飞机忽然低飞而来，机枪声不断。一场虚惊之后，范崇武一家迁去开远，改为每月来一次昆明。因此他原来的四节课有两节由曹建猷主持讨论。清华电机系自从张思侯、钟士模离开便形成一种惯例，教授讲课，助教组织讨论并主持习题和考试以至给分。曹建猷接手讨论课之后便开始思索自己该如何组织讨论。一番考虑之后他决定另起炉灶，从头讲，但是范崇武讲过的一带而过，不再重复。习题、考试、给分，也都由曹建猷负责。课程结束后得到的反映是：曹先生讲上海交通大学笔记，还比较清楚。另外，由于初任教学，习题、考试都选择难题，学生也有不同意见。

第二学期，曹建猷给电专讲课较多，便自学德文书籍。在学习《输电线路的伍德拉夫理论》(*Woodruff Theory of Electronic Transmission Liner*)一书时，他意外地发现有一简易方法计算输电线参数，便着手推导，整理成论文《计算输电线路参数的 RMS 方法》(*The RMS Method of Computing Transmission Line Parameter*)。钟士模、孙绍先都闻讯来看。孙绍先看后评论说：是一个创见。

在昆明期间，曹建猷读的书很多，除前述两三种外，还自学了《卡森：运算微积分》(*Carson：Heaviside Operational Calculus*)、《科赫：微分方程》(*Cohen：Differential Equations*)等。

烽 火 连 天

尽管远在边陲，当时的云南也并不太平。1940 年 10 月，日军占领了越南河内以后，为了切断中国同国外的唯一联系通道——滇缅公路，加大了空袭昆明的力度。为躲避日本飞机的频繁轰炸，居于城内的西南联合大学教授被疏散至城郊的龙头村、司家营、车家壁等处，有的甚至到离昆明市区数十里外的呈贡居住，就连距昆明 60 多千米外的宜良也有西南联合大学教授的住所。[①]1941 年，由于空袭频繁，曹建猷暑假便去了呈贡。在此之前，有一次惊险的警报经历给曹建猷留下了深刻印象。

曹建猷等走到一个村庄附近，在一棵大树下停下来准备休息一下，结果碰到钟士模等几个同学，于是便一起接着往前走。结果，才走到不远处的一处田地，大队敌机已从远处呼啸而来，很快便从头上划过。大家就近卧倒在附近的田沟内，眼见炸弹铺天盖地而来，瞬间地动山摇。见此情形，曹建猷只好紧闭双目。接着炸弹声息，土块却扑面砸来。稍等片刻，起来看了看，自己没有受伤，但有十多人还是砸伤了头或腿。

估计敌机还将重来，于是大家赶快跑。等跑到附近一座桥下，果然敌

---

① 陈海儒："跑警报"背景下的西南联大教授.《重庆交通大学学报（社会科学版）》，2007 年第 7 期，第 86—90 页。

机回过头来，紧接着又是一番轰炸。警报解除后，大家往回走时发现原来卧倒的田坑两侧二三十米处各有一个弹坑，真是好险！

到呈贡后，敌机仍常来空袭，但在远空飞过，已不用再逃。曹建猷来呈贡的另一个主要原因是为了备考清华留美考试，并随身带去《三氏微积分》和英文读物。在那里租用了一间民房，与费孝通一家成为邻居，其间受到不少照顾。这个时候曹建猷才得以认真通读微积分书，并逐题求解，完后再复习，又选择难题重做一遍。曹建猷感觉收获不小。

考 取 留 学

来西南联合大学的第三年，也就是1943年夏天，曹建猷参加了清华第六届庚款留美考试。第六届庚款留美考试和第九届庚款留英考试是民国时期最著名、也是竞争最激烈的公费留学考试[①]。

清华庚款留美考试进行了四天。考试期间曹建猷住在赵佩之哥哥的工厂里，因为那里离考场近。这次考试远比当年考上海交通大学竞争激烈，每个学科只录取一名。

第一天上午考党义，但不计分。下午考国文，只写一篇白话作文。曹建猷小心地拟了一个草稿，一再看过，才往考卷上抄。谁知还余下一二百字时，考试时间已到。曹建猷只好将没有抄完的原稿附在卷里交了。第二天上午考英文，也是只考一篇作文。英语作文曹建猷最为拿手，稍作腹稿，便一气呵成写了七八页。一看还有点时间，又校对了一遍，改了几个字，便交了。他自己认为是一篇杰作，心里顿时松快多了。下午考微积分和微分方程，总体感觉良好。第三天考电工原理和交流电路。两门整体都比较难。

考试那年由于哈佛大学等十校抵制中国学生，于是国民政府决定停

---

① 庚款留英考试要求考生具备两年工作或研究经历，而庚款留美录取学生则需要先在国内有关专家指导下实习、学习一年。第六届庚款留美考试和第九届庚款留英考试分别录取132人和193人。

派，直到第二年才开禁，录取了 22 名学生，曹建猷被录取了！清华当时规定，考分必须平均 50 分以上，择优录取。和当年考上海交通大学有点相似，曹建猷又是以英文和数学取胜。此外，和曹建猷一起考上的还有洪朝生、吴仲华和张燮。

图 3-2　第六届清华庚款生先期到达波士顿的九位同学在麻省理工学院主楼前合影
（左起：张燮、白家祉、吴中伦、张建侯、沈申甫、洪朝生、曹建猷、吴仲华、黄茂光）

曹建猷考取清华留美不久，又得到通知，教育部举办的第一届公费留学考试开始了。这次录取人数较多，每年有十多名，是一次好机会，于是动员姚暂明考试。最后姚暂明以第三名的好成绩被录取，被分到美国。这对曹建猷夫妇而言，简直是天大的好消息。因为按照当时的规定，只有第二至四名去美国，其余的都去英国。

1945 年年初，姚暂明在办理儿子曹东白的出国手续时碰到一个令人头疼的难题，教育部不准带孩子去，说之前没有这个先例。另外，曹建猷和姚暂明的出国日期也遥遥无期。此时，杨振宁等知悉"各处录取之英美研究生及实习生等，有已出国者，有即启程者"，而他们的行期依旧未定，不禁心急如焚。6 月 12 日，张建侯、曹建猷、杨振宁等 16 名同学就出国问题联名向梅贻琦校长送上《呈请书》，要求西南联合大学指派专员办理出国手续，并要求对船位、费用、服装等问题给予答复。经过多方争取，留学行期终于得到落实。

1945年8月，曹建猷夫妇托姚暂明父亲的好友将曹东白带回上海，交给岳母照应。出发那天是1945年是8月25日，他们在昆明已经待了整整五年，而整个西南联合大学的校史也只有短短八年，但是这八年却成为中国大学的一段传奇。它犹如一个大熔炉，融炼出无数的精英人才。有人统计，西南联合大学校友（含附中附小校友）中共有174人当选为院士，而曹建猷就是其中之一。辉煌成绩的背后，可能跟西南联合大学"刚毅坚卓"的校训息息相关[①]。另外，西南联合大学所处的时代，正是强敌入侵、民族危亡之时。可以说，"刚毅坚卓"是特定的时代精神与普遍的大学精神的结晶。

---

① "刚毅"见于《礼记·儒行》："儒有可亲而不可劫也，可近而不可迫也，可杀而不可辱也，其居处不淫，其饮食不溽，其过失可微辨而不可面数也。其刚毅有如此者。""坚卓"源于成语"艰苦卓绝"。

第四章
美国留学

共 赴 美 国

1945年8月，曹建猷与爱人姚哲明动身前往美国。由于当时中美之间没有直达空运，他们只能选择乘船赴美。曹建猷夫妇先乘飞机到印度，在印度候船，一直等了差不多两个月才成行，其间旅店换了三家，曹建猷和姚哲明也先后患了一次病。他们乘坐的是一艘美军运输舰，除曹建猷一行人外，其余全是美国兵。中途船到锡兰、埃及都有停泊，大家想下来转转，无奈没有签证不让上岸。在英吉利海峡遇上大浪，曹建猷开始晕船，好在浪停后很快就好了。曹建猷在船上结识了几个美国兵，到波士顿后还通过两次信。

船行大约20天才到达纽约港，靠岸

图4-1　1945年曹建猷与爱人姚哲明乘船赴美国麻省理工学院留学时的合影

后，华美协进社有人来接。第二天晚上，华美协进社举行招待会，在这里曹建猷见到了胡适。

在纽约住了几天，曹建猷和姚暂明决定提前去波士顿。他们来时便被告知麻省理工学院已开学，只能从下学期开始上学。到了波士顿，吴仲华来车站迎接。安顿好后，曹建猷夫妇还见到了钟士模和孙绍先，他们已于两年前来到麻省理工学院。

麻省理工学院当时有学生6000多人，其中近四成是研究生。校长叫康普顿，校址在波士顿对岸的查尔斯河畔，属于剑桥市，那里人口约11万，沿马萨诸塞大道往北，经过中央广场即哈佛广场，哈佛大学就在那里。剑桥市也以这两所大学而著名。

来到麻省理工学院后，拜见了查默斯教授，他同意曹建猷夫妇利用图书馆资源，到春季再正式入学。几天后，沈申甫、黄茂光、张建侯、洪朝生、张燮等陆续到来。他们一同去见查默斯，张燮说他讲得太快了，他们几个一时对答不上，于是由曹建猷进行翻译。之后曹建猷去了电机系，见到了怀尔德教授，他是电机系研究生办公室副主任，之前到过中国，在清华大学讲学，所以对中国学生特别热情。

到麻省理工学院后，曹建猷发现上海交通大学的基础课程几乎和麻省理工学院一模一样，只高年级略有不同。第一学期他选择了电力系统、场论、向量分析等课程，还有Seminars[1]。姚暂明选了电机学，由于她之前没学过经济和管理等必修课，只能作为特别研究生身份注册。开学前，他们搬到了学校附近，那时姚暂明已怀孕。麻省理工学院的电机学是出了名的难课，不及格重读的学生很多。然而，一学期下来，姚暂明都得了最高分H，轰动了电机系。

曹建猷的几门课程也全部是H。怀尔德几次让曹建猷在黑板上讲他的题解。一次考试，曹建猷的结果算对了，但过程怀尔德没看懂，一问才知道原来是曹建猷跳过了几个矩阵计算。这些对曹建猷来说，他认为一看便知，不影响结果。

---

[1] 国外大学教师带领学生作专题讨论的研讨课。

Seminars 课程，曹建猷也非常认真地对待，他写了详尽的讲稿，在讲解时全程表达自如，语言强劲有力，已经全然没有初三英语演讲比赛时的紧张与窘态，得到了教授们的赞扬。

学期末曹建猷去研究生办公室要求直接攻读博士学位。怀尔德对电机系研究生办公室主任 Gardner 说："我完全相信曹先生是读博士的料"，可是 Gardner 执意不从，说："先读硕士有什么不好。"那时候，麻省理工学院博士研究生本来不太多。钟士模知道后，劝曹建猷先选读 Gardner 的课程。暑期，曹建猷照办了，还选了其他几门新课：线性系统分析、电子计算机、高能工程、电力系统稳定等，全部成绩优秀。其中选学的数学系研究生课复变函数论有一次考试曹建猷还得了 105 分。Gardner 的线性系统分析曹建猷考了第二，这门课像电机学一样，得 H 的很少，大多是及格。

1946 年 8 月 24 日，姚晢明在美国生下女儿曹立白，英文名 Betty。

暑假过后，曹建猷觉得在麻省理工学院读博无望，便去了哈佛大学。接待他的是 Dewer 教授。他问清情况后说："欢迎你来，包你两年获得博士。"曹建猷注册完，还在哈佛上了两堂课，下午回到麻省理

图 4-2　曹建猷与爱人、女儿（立白）在美国麻省理工学院旁边的查尔斯河畔合影

工学院准备退学，谁知一进办公室，Gardner 却笑容满面地对曹建猷说，"都给你办好了，我们同意你破例直接读博士"。曹建猷当然很高兴，但还得去哈佛大学办理退学。到哈佛大学说明来意后，Dewer 大失所望，一再表示，曹建猷若来哈佛大学，读博士只需要两年时间。曹建猷觉得麻省理工学院读博时间虽然长些，但若论工学院还是那里更有名些，因此最终选择了麻省理工学院。

没过几天，Gardnder 让曹建猷到他办公室，原来他给曹建猷办好了学费全免的手续。那时麻省理工学院一年的学费是 900 美元，后来涨到 1350 美元。曹建猷表示自己已经有清华大学的公费，不用了。Gardner 很不理解："你拿去零用不好吗？"最终曹建猷还是拒绝了。

美 国 印 象

曹立白出生后，姚晳明买了一架小型电动缝纫机，为孩子和家人缝衣服。此时，曹建猷一家已经搬到麻省理工学院对面的一个住处，邻居都是麻省理工学院的，交了不少朋友，特别是孪生兄弟 Bill 和 John Lusrill 夫妇。从此，中国以及国外的朋友常来家中做客。

在曹建猷的印象中，麻省理工学院的建筑是一个类似于"π"形的庞大结构，面朝南向。电机系办公室在正面二楼右侧，正楼后面高处是图书馆，里面有全美藏书最齐全的维尔图书馆，这是以捐赠 3 万册图书的维尔（Vail）而命名。师生可以乘电梯去图书馆，用一把钥匙可以开馆门、书库门和期刊门，直接取书，然后回到阅览室借书处自填借书卡。所以晚间不开馆时也可以借书和还书。藏书没有复本，限借两周，可以续借，但紧急催书时必须送还。借书都有记录，长年没人借阅的书定期处理，置门外任凭取走。另外有一个阅览室在理学院，提供数理等方面的图书，有复本，但只允许在室内阅读。学校西侧对面有一个合作社，在那里可订购各种图书，约一星期便可收到，十分方便。合作社里还有其他用品出售，曹建猷在那里买了一台打字机，还有一个二手计算尺。

其间有一个小插曲。武汉大学教授叶允兢当时在麻省理工学院进修向量分析和复变函数论，和曹建猷同班，对他十分欣赏。叶允兢是法国留学生，中文很好。曹建猷曾托他为儿子东白取名，因为当时东白只有一个临时用名，叫顿白。中华人民共和国成立后他来信说：有了！取"东白"，东方发白的意思。姚晢明和曹建猷都很满意。那时曹东白已经读小学，临时写信给他舅婆改了过来①。

1947年暑期，曹建猷去学院办公室申请教书，因为清华公费每月给110美元，现已期满。Gardner让曹建猷去找系副主任Tucker安排。Tucker问了曹建猷的经历，便打电话给Fitzgerald。进行沟通后对曹建猷说："根据你的情形，准备聘你为讲师，年薪2950美元，你满意吗？"曹建猷当即表示很满意。因为当时清华公费一年才1320美元，这一来，曹建猷的收入翻番了。

Fitzgerald曾主持过曹建猷的Seminar，教过他电力系统稳定课，并检查过他的DC网络分析实验，对他很了解。每次测试完，曹建猷只需心算就算了出来。他用电子计算机算后发现，曹建猷不仅每次算得快，还都算对了。

第二年曹建猷接到通知，年薪由2950美元增至3500美元。他的工作主要是讲电机学。后来曹建猷主动要求指导实验，麻省理工学院的实验是个别指导。排了一个组，两个学生，他们自选实验项目，然后送来预习报告，曹建猷按约定时间听取他们的报告，并解答他们的问题。

麻省理工学院每堂课有18~25个学生，一般都是讨论式授课，学生提问活跃，这和国内主要由老师讲课、学生听讲大不相同。不过曹建猷总坚持讲完一段内容后才让学生提问。曹建猷觉得这样做效果很好。因为对大部分学生而言，听课比较有系统性。而且往往有问题的学生听完，问题解决了。学生的反映是，曹建猷概念讲得很清楚。

几个班的电机学由四个老师分别讲课，考试则统一出题，由助教阅卷，统一评分，平日作业也由助教评阅。主持这门课的是Kringsly副教授，

---

① 曹建猷回国前曾写信给叶允兢，经叶允兢办理，武汉大学同意给曹建猷副教授职位，但曹建猷婉辞了。叶允兢回信劝曹建猷回国，而等到曹建猷回国后听说他已病逝，终未能再谋一面。

开学前在一起将进度表定了下来，包括习题、考试日期，印好发给学生。课本是 Lawrence 版的，跟上海交通大学用的一样。那时 Lawrence 早已退休，后来改用自编讲义。

图 4-3　1947 年曹建猷（右一）在波士顿与杨嘉墀的合影

毕 业 论 文

在麻省理工学院当老师期间，曹建猷攻读学位的工作也同样有序进行着。1948 年暑假，曹建猷开始做论文。该找哪位教授指导毕业论文呢？到麻省理工学院已两年半，他对教授们基本都了解了。那个年代麻省理工学院的教授有博士学位的不多，只有教授才能指导博士。曹建猷曾考虑过 Guillenin 教授，他是电信网络方面的权威，不过他的学科太老了。Brown 教授的伺服机械最时髦，在飞机自动驾驶等方面有前途，不过曹建猷不想涉及军事。老电机专家 Lyoz 曾找到曹建猷表示愿意指导他的论文，可是曹建猷觉得如果还搞老行当又何必来麻省理工学院呢？那些课题回去后可以自己做，便婉辞了。另外传闻有一位年轻有为的教授，叫 A. A. Getting,

物理、电机两系兼聘，曾发明过一个著名的海军雷达，现在是同步加速器研究室主任。思来想去，曹建猷对他有些动心，于是去找他。没想到初次见面，A. A. Getting 早已听说过曹建猷，一见是他，便说："我盼你多时了。"A. A. Getting 教授的研究领域比较新，曹建猷便决定选他为指导导师。后来 A. A.Getting 还把曹建猷的教学任务免去，集中时间做研究，但年薪依旧照发。

刚开始，曹建猷对同步加速器完全陌生，仅知道是 Kerst 1945 年发明的。他们受空军和海军资助，从 1946 年开始研究，做过一个模型试验，当时加速器主体已经建成，目标是轰出介子 Meson。Meson 是日本物理学家在导出一方程余项中发现的，这个能量余项总是 140Mev 的整数倍，于是取名介子。根据爱因斯坦公式 $E=mc^2$，介子具备质量 m，140Mev 是它的静止能量。麻省理工学院加速器设计能量是 300Mev，介子静止能量的两倍足以轰出介子。

这个过程看似简单，可对当时的曹建猷而言，由于对这些完全缺乏了解，只能从头学起。为此，他学习了斯莱特和弗兰克理论物理、相对论等。好在研究室里有更为实用的资料，相对论实验的 pair production 等。另外，曹建猷还去听过 A. A. Getting 的课。

A. A. Getting 教授是学物理出身。第二次世界大战时美国在麻省理工学院成立了一个放射实验室，有 3000 人，半数是副教授以上高级人员，来自全国各地。A. A. Getting 教授是一个部门的负责人，1950 年加速器成功后，他去美国当了空军[①]。

A. A. Getting 教授先后给曹建猷配备了两名助手，放手让他工作，平时绝不打扰他。有硕士生找到他做导师，他也推荐给曹建猷。康奈尔大学来人取经，他也让曹建猷接待。与此同时，除麻省理工学院外，康奈尔大学和加州大学伯克利分校也在进行相关研究。

为指导曹建猷的博士论文，系里成立了一个小组，由 A. A. Getting 教

---

① 1980 年康奈尔大学代表团来峨眉时，几位教授得知曹建猷曾是 A. A. Getting 教授的博士生时说："他是一位大人物，宇航学的创始人之一，现任电气与电子工程师协会（IEEE）总会主席。"由此可知，当年曹建猷找到了一位非常合适的指导教师。

授主持，另两个人是 Gardner 和 Trump。Trump 是副教授，静电加速器研究室主任，赵忠尧曾在那里待过一年。当时麻省理工学院还有一个线性加速器研究室，同属于核子物理与工程研究所，英文都称 Laboratory。

为了配合研究室工作，曹建猷的研究是实验先行。他提出一个测试方法，反复实验结果都不精准，才发现电磁测量实验室仪器精密度不够。后来曹建猷自己设计了一个测量方法，才获得高几十倍的精密结果。实验往往做到深夜两三点，那段时间他们经常夜以继日地工作。

研究工作经常出现意外的事，有时发现真空管漏气了，要修补。不行还要请来专家重做一次，实验只好停下来。到 1949 年上半年，曹建猷的实验都完成了，数据已完备，只剩下据此调节补偿电路了，这个工作由助手 J. Clark 负责。曹建猷接下来便集中精力搞理论分析。暑期，研究室给他找来一位数学系女硕士生，代曹建猷用电子计算器计算。暑期过半时，她由于要做论文，又换了一个生物系三年级女学生，这个学生要差一些，这样曹建猷原计划在暑期做完的论文未能完成，不得不把余下的工作带到纽约去。

因为曹建猷已经联系好去纽约市立大学做外聘讲师，九个月薪金 4200 美元，暑期工作另算。另外还可以在夜校兼课，报酬另付。那里的系主任 Wolf 介绍说，一般年收入 6000 美元以上，比麻省理工学院收入多多了。那段时期，曹建猷夫妇花费也多，3500 美元已经不敷用度，于是去了纽约市立大学。

与此同时，在大洋彼岸，1949 年 7 月，中国人民革命军事委员会铁道部接管国立唐山工学院（今西南交通大学），创建电机系，设置电机工程专业，含电力组（发电厂与动力专业）、电讯组（通讯专业）。另有两年制铁路信号、铁路通讯专修科。当年开始招生，招收本科生 30 余人。[①]

1950 年暑假，曹建猷回到麻省理工学院完成论文和答辩。Gardner 在曹建猷去之前便已为他安排好讲一门课，年薪照旧。

同步加速器已于 1949 年 12 月 13 日轰出介子成功。A. A. Getting 教授的秘书电报让曹建猷回去看看。曹建猷看了看操作，介子轨迹出现在雾室

---

① 许守祐：《中国铁路教育志稿（1868—2010）》。成都：西南交通大学出版社，2013 年，第 105 页。

里。据说 UC 的机器于更早的时间成功，但两三天就坏了。他们的补偿电路过于复杂，密密麻麻布满了真空管外壁。A. A. Getting 教授这台启动后，一直很顺利，是世界第一台全面成功的。1950 年暑假再去时，轰击操作已交由海军管理。A. A. Getting 教授接受空军聘约将去空军工作。他走后由 Thomas 接替他的工作。Thomas 一再挽留曹建猷留下一起工作，曹建猷婉辞了。因为那时祖国解放，他已打算回国了。

曹建猷几乎日日夜夜赶论文，晚间仍去办公室，11 点才回家。最后终于找到一个提高精确度的方法，将结果算出来了，和实验数据比较，基本吻合。于是动手写论文，自己打字复印，可以边打边斟酌。图书馆需要黑墨打印本，由姚晢明代劳。复印三本，一本交研究室，一本送系传阅，自己留一本。

曹建猷毕业论文答辩在一个小型会议室，答辩主席是 Brown，有十来位教授。曹建猷讲了 40 分钟，然后答辩。A. A. Getting 教授说，曹建猷有两个创造，一是为三维边界问题划了个边界，使分析成功；二是从静态解得出了动态解。答辩完曹建猷去隔壁办公室等待，没一两分钟，Brown 便走进来，伸出手说"祝贺你。"

答辩完后，就只剩一门课了，Gardner 的课已于前半期结束。这时曹建猷终于感觉到轻松，可以陪陪妻子姚晢明了。曾在西南联合大学的同事吴仲华夫妇也来到美国。曹建猷夫妇时常致信吴仲华夫妇，相互问候，畅谈学习与生活。在麻省理工

图 4-4　1946 年曹建猷在麻省理工学院门口与白家社、张燮合影（左起：张燮、白家社、曹建猷）

学院期间常来往的同学还有 Tuttle Jr.，Rusko 等。中国同学也常来，尤其是节日，经常两桌桥牌要玩到十点多。上海交通大学同学会、清华大学同学会也常聚，一年两三次。

纽约市立大学全然是另一幅景象，它有几个学院，工学院独在一处，有两个副教授、两个助理教授，人比麻省理工学院少多了，不过学生倒很多。每周须教学 15 小时，对曹建猷算照顾，只排 14 小时，包括实验，晚上还要兼课。所以到纽约后，曹建猷每天 7 点起床，吃完早餐便去学校。沿高速公路要走约 40 分钟，赶在 8 点前到校。纽约有不少同学，俞炳昌、李华桐、薛光宇、宋丽川等常与曹建猷来往。此外，刘贻瑾、杨嘉墀、杨振宁、洪朝生到纽约也常到曹建猷家做客。邻居有一位朱姓人家，爱人是李书华的女儿，常来往。姚晢明还结识了一些邻居。

曹建猷感觉教学很顺手，并受到学生们的欢迎，以致两次被学生兄弟会（Fraternity Club）邀请去参加他们的聚会，而受邀请的教师极少。第二次，工学院院长也去了，第一次见面，听说曹建猷也在时专门走过来向他敬酒。

1949 年，曹建猷常去纽约市立大学的图书馆，这里规模不大，本来是教学休息期间去落落脚的，偶然间却发现一篇关于"单磁极"的报道，引起了曹建猷的兴趣。后来 A. A. Getting 教授来信劝曹建猷还是应该专心论文。一年里，由于课多，曹建猷实际上确实很少考虑论文的事。

1949 年，曹建猷在美国《物理评论》杂志发表了论文《同步加速器调相前的电磁过渡过程》。1950 年 9 月，曹建猷的博士论文《M1T 同步回旋加速器的电子感应加速器特性》通过答辩，获美国麻省理工学院科学博士学位，其关于加速器的分析与试验方法曾在麻省理工学院应用。

毅 然 回 国

1950 年，曹建猷本想办个居留权证明书，以便取得副教授职位之后回国。谁知抗美援朝开始后形势大变。年末，终于决定提前回国，其间办理手续花了许多时间,直到 1951 年 6 月 15 日才成行。

出发一开始坐火车,三天后才到旧金山。临行时曹建猷把买的汽车也卖了,俞炳昌开车来给他们送行。

在旧金山等了五天才上船。船沿途在洛杉矶、檀香山、横滨、马尼拉停泊,然后驶入香港。

船在日本横滨停留的第二天曹建猷夫妇乘电气列车到东京参观东京大学,进门遇见一位应用物理系副教授,他将二人带到校办公室,"一位老师似乎是主任,同意了我的要求,参观电机系和应用物理系。"[①] 然后被引见给电机系主任,派人带领曹建猷参观了电机学、电工学和高压实验室。之后又去应用物理系参观了两个实验室,并与四位年轻的副教授进行了座谈。

到香港后,曹建猷一行便乘小船到九龙,再换火车到深圳。深圳海关

图 4-5 1951 年,曹建猷携爱人姚哲明及女儿曹立白回国时在广东省入境的通行证明

---

① 曹建猷:《七十七年自述》,未刊稿。资料存于采集工程数据库。

很快放行。他们又乘火车到达广州,在广州住了一星期,其间参观了南方大学。

曹建猷的护照在出境时未发还,只有姚暂明的,但也很顺利地被接受了,还发了两张通行证明。王祖泽来接,还给他们带来了唐山铁道学院发的六、七月份的工资。然后他们又乘车去上海,当时曹东白住在舅婆家,六年未见,已是八岁的小学生了。曹建猷又去南京看望哥哥,在上海待了一星期,8月3日到达唐山。

第五章
初到唐院

招 贤 榜

  自 1945 年考取庚款赴美留学，到 1951 年 6 月从纽约出发回国，曹建猷经历了整整六年时间。在这六年中，国内也发生了翻天覆地的变化：1949 年建立了中华人民共和国，中国的面貌焕然一新。

  那时唐山工学院（1952 年更名为唐山铁道学院）院务委员会主任委员唐振绪亲自撰写了一篇"求贤纳士文章"《求贤榜——新唐院近景》登载在一份国内外发行的杂志上。除了介绍新唐山工学院的现状、远景规划、铁道部对唐山工学院扩大发展的政策，还特别清晰地指出急需添聘教授和研究人才等情况。抱着极大的对人才的渴求，希望大批权威学者"来本院任教并担任研究工作，成为发展新上海交通大学的柱石。名额是无限的"。这篇文章传到美国后，大家如获至宝，广为流传，美国费城出版的《留美科协通讯》在 1950 年 2 月全文转载，动员留学生回国工作。这次"求贤"活动硕果累累，在不到一年的时间，从美国，英国，中国台湾、香港地区，还有全国各地引进了许多知名的专家学者，充实并增强了教师队伍和研究所的科学研究力量。

此时电机工程系主任任朗教授等在国内外，特别是海外留学人员中物色专业人才的过程中了解到曹建猷夫妇有回国愿望，于是任朗向学校介绍了他们的情况，唐山工学院代院长顾稀便极力邀请曹建猷夫妇来校任教。1951年8月，曹建猷到校报到，受聘电机工程系教授，爱人姚晳明受聘该系副教授。借助刊登在国内外杂志上的求贤纳士文章，唐山工学院增聘了曹建猷、任朗、史家宜、邵福旦午、张万久、黄万里、刘福泰、孙竹生、胡刚复、赵松鹤、张正平、沈智扬、张震、余国琮、王柢、高渠清、钱冬生、劳远昌、吴炳焜、杜庆萱、林宗彩、朱觉、袁见齐、章守华、孙训方、刘钟华、何杰、江山寿、卢焕云、张熙年、吴文泷、胡汉泉、朱淇昌、卢肇钧等80位人才。当时学校元老罗忠忱、伍镜湖、李斐英、顾宜孙、黄寿恒、王绍瀛、范治纶等老师均健在。张文奇、罗河、李汶、杨耀乾、汪泰葵、杨荣宝等教授正年富力强。除此之外，还聘请了讲师助教200多人，形成了"群英集唐山"的空前未有的兴盛局面。[①]

　　曹建猷为什么选择唐山？其时排除万难、一心报效祖国的曹建猷已经决定投身发展中国交通事业。白家棣回忆道，"后来在言谈里面也知道曹教授，当时是有好几个地方聘他，他没有去，最后还是选择了到唐山，因为当时唐山这个学校的地位和声望在全国都是相当高的。清华大学的电机系主任章名涛，当时跟曹建猷在西南联合大学的时候既是师生关系也是同事关系，因为章名涛先生是他的辅导老师，后来也在章明涛先生的领导下讲过一些课或者辅导一些课程；另外还有钟兆林先生，上海交通大学的电机系主任，是曹建猷在上海交通大学读书时的老师和系主任，他们都希望他到上海交通大学或者去清华大学。还有中国科学院的一些老科学家，都是留美的，知道曹建猷回来了。因为他在美国研究电机，后来研究了加速器，就是原子能方面的研究，所以希望他到科学院做原子能方面的研究。最后曹建猷还是选择了到唐山，他认为中国要发展交通，而且唐山在这方面有他的用武之地。"[②]

---

　　① 《曹建猷院士纪念文集》编委会：《筚路蓝缕　桃李春风——曹建猷院士纪念文集》。成都：西南交通大学出版社，2009年，第25、26页。

　　② 白家棣访谈，2017年8月20日，成都。资料存于采集工程数据库。

曹建猷从广州先去往上海的岳母家。大儿子东白已八岁，六年未见，已是小学生了。在上海待了一星期，8月3日到唐山，任朗和几位电机系老师前来迎接。曹建猷一家住在西华，三间，另有厨房、厕所，与顾宜孙教授公用。小儿子曹康白在这里出生。其间，任朗带着曹建猷拜访了唐山工学院几位知名的老教授顾宜孙、李汶、罗忠忱和邵福午。系里的同事、学生也来家看望。任朗还把一张钢丝床让给他们，并请来一位保姆，买来一只钢炉供他们冬天取暖。

图 5-1 1949 年秋天，曹建猷的岳母和长子曹东白及姚皙明的弟弟在上海的合影

到年末，曹建猷一家迁入西新七舍甲，在那里一住就是 20 年。曹家三个孩子东白、立白、康白都在那里长大。搬去不久，曹建猷的母亲便从湖南来到唐山。翌年暑假他们又去上海将岳母接来。这样，祖孙三代七口人便在北国这块土地上居住下来。

后来唐山铁道学院校址在 1976 年的大地震中荡然无存，曹建猷凭借记忆，在日记中还原了当年的校园面貌。

唐山铁道学院校园地震已毁，只能凭记忆了。教学中心是斜影所示建筑群。唐山工学院年代有东讲堂、西讲堂、图书馆三栋楼房。图书馆楼上住三四年级学生，后来增建了一座"π"形的南讲堂，平房，考虑到地下有矿。解放初期，增建了南新教授宿舍，还从西华往西扩展，依次建筑了新华斋学生宿舍、电机馆、机械馆、西新教授宿舍和南华住宅区。电机馆和机械馆并列，呈"π"形，二层，建筑质量极好。地震无大破坏，是为了安全，推倒了。其余新建筑都是平房。北华有两三栋两层"洋房"，唐山工学院留下来的，当初住着几家老教授，如罗忠忱、邵福午、李斐英等。东侧围墙内分三个院，院长、书记等住在那里。顾稀住最东端院里，平房，院内有一个花园，住着顾稀一家和他的父亲，他的办公室也在那里。北华、东华之间有一个"校友厅"，漏了，作办公楼之用，院内有一个荷花池。南讲堂南头有一座旧三层楼房叫眷诚斋，原住一二年级学生，我去时连同图书楼上都改成青年教师宿舍。西讲堂背后是铁道研究所，胡汉泉在那里。1952年迁北京，成立后来的铁道研究院。南操场有400米跑道等设施，其中有一个足球场和篮球场，网球场、排球场散布在北华南面和西华东侧。我们住的西华宿舍，从住处到学校大门约有一里多。全校四周有围墙与外界隔离。北大坑那里有一个北门，南华南头还有一个南门，不常开。出校门过马路便有公共汽车站去小学、火车站和市里，称上海交通大学站。学校只有一个医务室，在新华斋南端。①

图 5-2 1958年曹建猷与三个孩子在唐山铁道学院的合影

按照回国前的约定，曹建猷作为教授，工资是小米1000斤，姚暂明是副教授，小米800斤。回国后实际月工资约100多元人民币，两人相差无几。前几年每年都评一次工资，按物价以分数计算，到1956年才改为用人民币计算。改革幅度很大，教师工资分12级。教授1~4级，副教授

---

① 曹建猷：《七十七年自述》，未刊稿。资料存于采集工程数据库。

图 5-3　1957 年曹建猷一家的全家福

4~6 级，讲师 6~9 级，助教 9~12 级。曹建猷被评为 2 级，每月 280 元，姚晳明被评为 4 级，每月 201.5 元。助教起薪为 54 元，见习期间 45 元。学校有一个全国高校 1、2 级教授名单。任朗本来被评为 4 级。曹建猷说："他摆在哪里都是 3 级"。罗河立即支持："我同意。"只有顾宜孙是 1 级。这次工资改革波及面很广，原来享受"供给制"的干部，也改领工资。副教授以上，工资未再增加，而这政策执行了二三十年。

电 机 系

　　曹建猷夫妇入职那年，电机系还有刘绳祖、李忠亭、何积炳、严忠锋等教授和任与廷、王祖泽、卢涂、张明勋、潘启敬、李英宏等十多名教师。一、二、三年级学生和二年级大专班学生共百余人。由于国家建设急需人才，二、三年级学生按计划提前一年毕业。1952 年 4 月，根据铁道部指示，为了培养铁道电气化与电力机车方向的专门人才，电机系设置"电气运输"专业和"铁道用动力"专业，原电力、电信两专业停办。同年 5 月，曹建猷被任命为唐山工学院电机系主任,并按苏联模式改革教学。

要学习苏联,就得学习俄文。那年在全国高校都组织了俄文突击。曹建猷学习了17天。按学校规定,在学习期间不看报,不待客,夜以继日。教师是俄语教研室副教授胡世麟,讲授基本语法。在这17天中,曹建猷记诵了约3000个单词。虽然一周后单词便忘了一半,但是开学后曹建猷借助字典已可以用俄文教本给学生讲授"发电厂和变电所电气设备"课程了,一年下来只讲错一字。

图5-4 20世纪50年代初,曹建猷在唐山铁道学院电机馆前与电机系教师合影(右一曹建猷,右二姚皙明)

1952年暑假,全国进行院系调整,电信组调去哈尔滨铁道学院,教授只留下任朗。唐院采矿系、冶金系、化工系都调出。同年杜庆萱来校,李忠亭调去上海交通大学,人员变动很大。唐山工学院成为专办与铁路相关的院校,而校名也因此改为唐山铁道学院。秋季,开学按苏联体制成立教研组,由任朗担任电工基础教研室主任、姚皙明任电机教研室主任、杜庆萱任电力机车教研室主任、曹建猷兼任电力铁道教研室主任。在曹建猷的建议下,三年级学生仍按原电力科计划提前一年毕业,二年级改铁道用动力专业,一年级新生按电气运输专业计划培养。电气运输专业后改名为铁道电气化专业。这样,一个全国唯一的新专业从院系调整一开始就办起来了。

曹建猷调查发现,社会上对铁道用动力专业的大学生需求并不多:当时唐山机车车辆厂只有两台400千瓦小型发电设备,主要用市电;哈尔滨发电厂最大,原来是四台柴油发电机,总容量约8000千瓦,一台已拆运工地,另一台正在拆卸中,仅一台运行。他和姚皙明、杜庆萱又去了长辛店,那里压根儿没有发电设备。几家工厂都在用市电,包括哈尔滨机车车辆厂，只株洲白石港有两台750千瓦汽轮发电机，但他们是向电网送电。调查下来，曹建猷便向顾稀汇报，建议停办铁道用动力专业。他曾向时任铁道兵教育局局长解释说，配电工作，中专学生就胜任了，少量电气运输专业的大学毕业生也可以承担。

铁道电气化是新专业，开始是基础课，到1954年开始学专业课，专业课这些人没人懂，因为曹建猷过去在美国留学时学的是电气，基础雄厚，但是美国没有铁道电气化，曹建猷只能一边学一边教。当时有一位青年教师潘启敬到哈尔滨工业大学学习牵引供电专业，那里的苏联专家比较多。曹建猷主动跟潘启敬联系，每个暑假潘启敬回学校，曹建猷总要跟他见面，向他了解哈尔滨工业大学办牵引供电专业的情况，征求他对系里办学的意见，比如实验室该怎么建设、专业应该怎么设置等，事无巨细地询问。

首先是解决教学大纲的制定和教材编写问题。曹建猷一直积极通过铁道部外联机构、驻苏使馆、进出口图书预订等多种渠道收集资料，也同时派教师到北京图书馆检索、查找苏联教材、专著。根据掌握的苏联教学资料，再结合我国的实际情况，以莫斯科铁道学院和列宁格勒铁道学院电机运输系的教学计划和教学大纲为蓝本，制定了1952级电气运输专业的课程设置和教学计划，并予以实施。[①] 同时，他组织翻译了苏联的《牵引变电所》《牵引变电所电气设备》《电力铁道机车车辆》等专业教材。

其次是师资培养。1954年潘启敬回校后曹建猷就立即安排他上专业课。系里还先后派出6人到苏联攻读博士学位，经过4年左右的学习，然后回到系里担任教师。曹建猷指名将被分配到铁道部设计总局工厂设计处从事配电设计工作的唐山铁道学院电机系1953届毕业生贺威俊调回母校任教，参与教学计划的制订、教材建设、创建实验室等工作。

1954年年底，曹建猷在总结系里工作时谈到，一年来就电气运输系来说，和其他系一样，基本上完成了教学计划的要求，许多新课程也陆续按计划开课了，新的实验室正在进行建设，其余的事务也在有计划有步骤

[①] 电力铁道供电类教学大纲，1950年1月1日。存于西南交通大学档案馆。

地进行准备，生产实习水平也较以前任何一年都有所提高，系里面有几位教师还参加了宝成路电气化区段的初步设计，为现场解决了一部分技术问题。①

在电机系，曹建猷除担任三年级学生的直流电机课、土木系的电工学和交流电机课，后来又陆续开设了牵引计算和电力铁道供电课程，这两门课程都是他首次开的。② 牵引计算是专业基础课，对于电气化铁路的电气计算与供电方案设计极其重要，电力铁道供电则是龙头专业课。

对于考试，较之标准答案，曹建猷更重视学生的思路和对问题的判断：

> 他不太重视考试的，因为当时那个考试不像现在的笔试，是任意性很大的口试，就是说提前准备了若干个考题，类似于去抽签，你抽到了一份考题后就在备考的教室里准备半个钟头，然后就到老师那去回答你的问题。在一个独立的房间里只有老师和学生两个人，老师问哪些问题，你可以按考题的答案回答，也可以你对此问题的理解。他给我们的印象是比较重视你的思路和你对问题的判断，对考题回答的正确与否不是最主要的。……有时候曹教授会跟你直接对话。……他有他的特点，他会从这个人（学生）的思维、思路或者他对问题的理解，或者他今后可能的发展前途，从这个方向判断得比较多一些。③

"实践论"

曹建猷一贯重视实践的理念，这也和苏联教学改革的成功做法——加

---

① 曹建猷：新的一年有更多工作要做，1954 年 12 月 31 日。存于西南交通大学档案馆。
② 电力运输系课程分配表，1953 年 7 月 1 日。存于西南交通大学档案馆。
③ 白家棣访谈，2017 年 8 月 20 日，成都。资料存于采集工程数据库。

强实践性教学环节一拍即合。曹建猷非常重视学习苏联的实践性教学环节的经验，制订了严密的实践教学环节。学生的生产实习除了有在课程的学时内规定的课程实习外，还有在校的四五年的学习期间，每年都必须参加6~8周的实习，这种实习由低到高、循序渐进，分别为教学实习、认识实习、生产实习与毕业实习。因为中国当时还没有电气化铁路，曹建猷就和电机系的老师们一起商量带领学生到电车公司、矿务局、电力机车厂、变压器厂、电机厂等实习。

实际上，曹建猷在《新唐院》上发表的题为《从〈实践论〉的学习联系到教学问题》一文坦诚指出自己尊重规律、重视实践的教学理念。①

> 客观世界有其本身的规律，教学自然也有其客观规律性，要掌握这些规律，才能成功地教学。犹如种花，必须懂得花的性格，花的成长规律，要适应土质和气候，加上细心、耐心，才能培养好花。教学也是这样，在教学中必须了解学生的基础、思想情况和健康水平，适应学生的生活条件与教学条件，加上细心、耐心，才能培养好学生，教得太快，学生来不及消化；太乱，学生抓不着重心；太深，学生不容易理解；太浅，学生易失去信心。
>
> 当我回想多年来在具体教学中，实际引导学生学习的过程时，便发现学生的学习并不是像我们表面所看的从理性到感性，而无例外的是从感性到理性的。至于实验，则是在懂得了理论以后，再进而将理论加以证实，例如学生学习数学，就必须从加减法开始，小学生学加法，最先是数手指，或者学一个梨子加两个梨子等于三个梨子。如果我们在小学一年级便教授数学分析，学生是不可能接受的。又如学习电磁感应，学生必须首先了解磁铁和线圈，教师在黑板上画一个磁铁和一只线圈，代表实物，这样学生才能清楚，但是对于电磁感应的结论，可能还会有些人半信半疑，等到教师做了一次示范试验，学生再亲自到实验室里做过几次实验之后，才能真正掌握丰富的感性认识，

---

① 曹建猷：从《实践论》的学习联系到教学问题，1958年6月4日。存于西南交通大学档案馆。

在原有感性认识比较多的方面的课程、理论，学习时往往比较困难，我们曾发现大一学生学习牛顿第二定律时接受得比较快，因为他们一般对力、速度、加速度、质量等都有丰富的经验。但是当学到与这个定律非常相似的电磁感应定律时，就没有这样容易接受，往往到实际应用时又发生问题，认为电磁感应定律似乎对，可是线圈内的电流为何滞后电压90°角，却又很难理解，甚至追问它的物理意义。

我们可以检查一下过去教学的经验，是否凡遇到非常抽象的东西，学生便难以理解，而一谈到实事实物，学生便很容易接受，这就具体说明学生学习是否先从理性再到感性，抑或是科学地先从感性再到理性了。我们应该反对反科学的教学方法，空谈理论，要学生凭空去想。

对于第一届电气运输专业学生，在国内没有一条干线电气化铁路现场的情况下，设法把学生拉到东北矿山电气运输现场学习。到1956年，还把第一届电气运输专业毕业生的毕业设计安排在兰州设计院结合我国第一条电气化铁路宝凤段的设计进行。同时，借着聘请苏联专家指导的有利时机，电机系派还出了一批年经教师到兰州设计院参加设计并向苏联专家学习。

当年，唐山铁道学院电机系聘请的有两位苏联专家，分别是苏联列宁格勒铁道学院电力铁道供电专业副教授库金（С.Е.Кузин）与莫斯科铁道学院电力机车车辆电气装备牵引电动机专业的扎哈尔钦科（Д.Д.Захарчеко）。专家主要是按苏联五年制教学大纲进行讲课、作业、设计、读书报告等教学环节的指导。库金也做

图5-5　1957年曹建猷与苏联专家在唐山铁道学院的合影

图 5-6　1957 年唐山铁道学院电机系教师与苏联专家讨论问题时的工作照（右四为曹建猷）

科学研究工作。讲课的对象是教师和研究生，也指导设计。专家平时做有关教学方面的建议，这些建议经教研组、系研究采用，并加以推广。

库金的资历比曹建猷低，他是搞电力铁道供电专业的。曹建猷不像学校有些教授那样觉得拉不下面子，而是虚心向库金学习。"曹教授呢，从头到尾，库金的讲课一堂都没落过，每次都坐在前排，认真地听，非常虚心，库金都跟系上的老师说，你们那个系主任曹教授，还这样子来听我的课，他感觉很欣慰。曹建猷觉得不懂就学嘛，把人家请来了，这是个机会。有些人摆架子，宁可自学也不能听库金的课，不爱丢下这个面子，他不是这样的，他很虚心。"[①] 不过在学习苏联教学法的过程中，普遍的现象是直接搬用多，结合具体情况创造性地运用苏联的先进经验做得较差。但曹建猷又有所不同，不是盲目学习，而是取其有益去其不足之处。[②]

[①]　潘启敬访谈，2017 年 9 月 7 日，成都。资料存于采集工程数据库。
[②]　曹建猷所在的电机系于十月革命节特意撰文感谢苏联专家的教学经验，1957 年 11 月 14 日。存于西南交通大学档案馆。

参与科学规划

中华人民共和国成立后，为了系统地引导科学研究为国家建设服务，中央政府开始着手制定新中国第一个中长期科技规划——《1956—1967年科学技术发展远景规划》(简称"十二年科技规划")。随后，在周恩来总理的领导下，国务院成立了科学规划委员会，调集了几百名专家学者参加规划编制工作。《1956—1967年科学技术远景规划纲要（草案）》在几经讨论修改后，于1956年12月由中共中央、国务院批准后执行。1956年制定实施的"十二年科技规划"，是新中国的第一个科学技术发展规划，是国家发展科学技术事业的一次成功管理实践[①]。

1956年3月，39岁的曹建猷去北京参加"十二年科技规划"，住在西郊宾馆。200多名各部门、各行业知名专家、学者、教授按照学科、行业分若干组，经过一年时间的研究、讨论，最后提出了"我国科技发展十二年规划"。当时电组有章名涛、孟昭英、朱物华、王国松、马大猷、鲍国宝、毛鹤年、罗沛霖、张钟俊等人。中国科学院此前做过一次规划，按学科划分，国务院以为不妥。提出"以任务带学科"面对经济建设，重新组织规划，成立规划委员会。周恩来总理亲自主持，下设10人领导小组，处理日常工作。所以初期是讨论任务。

曹建猷在电组会上作了长篇发言，谈到电机的发展，说几次大的发展都和出现新材料有关。从麻省理工学院的1千瓦古董讲到最新的 μ-metal，绝缘从A级、B级到当前的H级。

曹建猷被分到自动化组，钱伟长、朱物华分别担任正副组长，数学家段学复、李国平也在这组里。成员扩大，新增了一些人。第一天科学院党组织两次找曹建猷谈话，请他去科学院搞加速器。曹建猷认为，该领域发展很快，他又几年没接触了，不如派青年人去苏联学习同步加速器，苏联

[①] 新华社：我国制定《1956—1967年科学技术发展远景规划》。http://www.gov.cn/jrzg/2009-09/01/content_1406708.html，2009-9-2.

还比美国的 Rerst 先一年发明，所以他婉辞了。会议中途，应曹建猷自己的要求，改去交通组。

当时交通组由程孝刚、吴仲华、张文治、黎亮、曹建猷等十余名专家组成，张国坚任组长。他们提出的交通运输科技规划被列入国家科技规划中。交通运输科技规划的第一项就是综合运输（3501项）。根据这个规划，交通组建议尽快成立综合运输研究所。1957年，该项建议得到聂荣臻副总理批准，同意在中国科学院内成立综合运输研究所。1958年综合运输研究所开始筹建工作，1959年3月正式成立，建制归属中国科学院，业务上受国家政府部门领导。会议期间，每周末在大礼堂举行演出或舞会，还放过电影《居里夫人》。临结束前，曹建猷被吸收入核心组代替鲍国宝，由范长江主持，有二十来人，钱学森也在座。那年晶体管收音机已问世，有人带回一台在大会上放广播。1948年晶体管刚出现时厂家来麻省理工学院作宣传，曾给曹建猷送来说明和样品，不料几年后便实现商品化了。

国务院学科规划委员会最终制定了《1957—1967年科学技术发展远景

图 5-7　1956年曹建猷（中间做笔记者）在全国科学规划会交通运输组分组讨论时的工作照

规划纲要》。稍后，铁道部也组织规划《铁道部的十二年发展规划》，沈智扬、曹建猷、孙竹生也参与其中。在1957年唐山铁道学院第二次科学讨论会上，曹建猷作了《关于莫斯科铁道电气化会议的报告》。

曹建猷在与我国著名科技专家一起全面研究和制定我国科技发展的蓝图的过程中，敏锐地认识到铁道电气化对我国铁路运输发展的重大意义，决心献身这一事业。在当时的工作总结中他曾写道："加速器和自动化方面几次征求我对专业的意见，经过考虑，最后仍决定从事我已开始的铁道电气化专业。原因是这方面的人很少，国外也没有从事这方面工作的人可以回国。如我改行，将对这个新生的专业起到不小的影响。"

对曹建猷而言，参加国家科学技术发展总体规划，是一次宝贵的总体战略能力培育和战略视野的开拓，他在《参加全国科学规划中的几点收获》中写道：

> 参加这次工作，对我来说是一个很光荣的任务，同时对工作又感到很紧张。通过几个月来的工作和学习，对于我个人的确有不少的收获。
>
> 首先，在规划工作中，使我进一步加强了全局观点。了解了科学技术问题的广泛和错综复杂和各个科学部门在国家立体科学事业中所起的作用，使我分别出了其中轻重缓急的程度，从而认识了自己所从事的科学工作和每一门科学在整个国家规划中应处的地位和如何正确对待国家具体规划工作。
>
> 其次，建立了科学为生产服务的观点。这次规划的最后形势是根据各类生产任务提出的。就是在表面上与生产没有直接关系的一些问题，归根结底，也是间接或在将来为生产服务的。我体会到只有从国家社会的建设出发，才能正确地做好规划工作。
>
> 此外，几个月和来自各地各部门的科学工作者相处中，大大地开阔了我的眼界，丰富了我的知识。在整个时期学习了如何进行自由讨论。由于领导工作做得比较好，所以整个过程基本上是进行得比较健康的。争论虽然很平常，但是没有大偏差。同时，我还学习了比较冷

静地听取别人的意见和发言。也发现了自己许多次主观片面的错误，从而在自由讨论中锻炼了自己。①

至于曹建猷为什么没有选择自己博士研究的"高能粒子加速器"方向，也没有选择本科学习的"自动化"方向，而是进入国内一片空白的"铁路电气化"方向，他也写道：

> 我是一个长期在电力方面工作的科学工作者，以前，（有关）方面曾几次征求我对专业的意见，经过我的考虑，最后仍决定继续我已开始的铁道电气化专业。原因是这方面的人很少，国外也没有从事这个工作的人可以争取回国。如果我改（专）业，将对这个新生的专业起不小的影响。自动化从业人员较多，国外也有很多可以争取回来。加速器的发展很快，我所知道的东西已嫌陈旧，新生力量较易培养。因此，我认为这个决定还是正确的。②

1920年，列宁提出著名的口号："共产主义就是苏维埃政权加全国电气化。"同年，俄罗斯国家电气化委员会成立，吸收了200多位科学家和工程师，用了10个月的时间拟定了俄罗斯苏维埃联邦社会主义共和国电气化计划，简称全俄电气化计划，预计用10~15年的时间新建发电站30座（20座火力发电站和10座水力发电站）。该计划于同年12月在全俄苏维埃第八次代表大会上通过。列宁十分重视这个计划，把它称之为"第二个党纲"。此后，在苏联的政治宣传画中电气化就成了永恒的主题。

相较之下，20世纪50年代初，在我国办有电机工程、电力工程、电信工程、电气工程专业的重点大学有7所，但以培养电气运输、铁道电气化专业技术人才为目标的专业学校只有唐山铁道学院一所。唐山铁道学院电机系起初所设专业以培养电力、电信方面的人才为主，而现在要办电气运输专业，一切都是全新的，所有的内容和要求对曹建猷等人来说都是一

---

① 曹建猷：参加全国科学规划中的几点收获。1957年，未刊稿。资料存于采集工程数据库。
② 曹建猷：《七十七年自述》，未刊稿。资料存于采集工程数据库。

图 5-8　1956 年曹建猷（左三）和同事与苏联专家的合影

次莫大的挑战。国内没有一里电气化铁路，之前国内也没有办过这方面的专业。曹建猷在美国麻省理工学院侧重研究同步加速器的电子束聚焦问题，电气运输专业对他来说是一个崭新的课题。但"天下事有难易乎？为之，则难者亦易矣；不为，则易者亦难矣。人之为学有难易乎？学之，则难者亦易矣；不学，则易者亦难矣。"多年后，提及自己的这个关键选择，曹建猷回忆道：

> 回国后，我来到唐山工学院，原准备从事新学科研究与教学。不料，1952 年院系调整，学校改名唐山铁道学院，我受命创办电气化铁路专业，院长顾稀问："你看，何时招新生？"我说："今年就招！"于是我一边教学（组织和参与培养一批又一批年轻人），一边学习、研究，终于为我国铁道电气化开了一个好头。[①]

[①] 路甬祥：《科学的道路》（下卷）。上海：上海教育出版社，2005 年，第 1806 页。

第六章
大展宏图

坚持工频单相交流

1953年,铁道部部长滕代远在唐山铁道学院宣布宝成北段将有26千米要实行电气化(后来增长为92千米),武汉将修建长江公铁两用大桥——那里后来便成立了大桥局。该消息当时轰动了桥、电两系。几十千米铁路电气化不多,世界铁路发展趋势无疑是电气化,只不过对采用何种电流制仍有争论罢了。苏联就有两派。英国和德国相继表示仍采用原有的直流制和低频单项交流制。

曹建猷意识到,电流制的选择关系到全局。于是曹建猷着手对各种电流制的技术状态与存在的问题及经济效率进行了详尽的研究与分析,得出的结论是,从发展上看,我国应采用工频单相交流制。他认为,新的工业频率单相交流制比较经济,其他方面的优点也比较多。

1955年4月,唐山铁道学院举行第一次教学和科学研究报告会时,曹建猷曾发表文章分析各种电流的技术经济状态,建议我国采用工频单相交流制,被铁道部办公厅要去20本加印本。此后他看到法国交流试验区段的情况,信心大增。于是根据我国的国情写成《我国铁路电气化的途径和发展远景》一文,在1956年铁道部举行的科技大会上进行了报告,并加印150本被一索而光,也轰动了与会的苏联铁路代表团成员,因为当时苏联还没有工频单相电气化铁路。

图 6-1　1956 年 6 月铁道部科学报告会现场(前排右五为曹建猷)

曹建猷在这篇论文中详细阐述了我国尽快发展铁路电气化的必要性,我国铁路电气化应该采取的途径和我国铁路电气化的发展远景。当时苏联国内对电流制尚在探讨之中,其他国家主要采用直流制,仅民主德国、联邦德国等国用低频单相交流制,匈牙利早期建设的工频单相交流制由于机车驱动系统过于复杂没有推广,但法国正建成一个试验区段,试验 4 种类型的电力机车。

会后,曹建猷应《人民日报》科技版约稿,将该文要点汇集成文,以《我国铁路电气化的途径》为题,于 1956 年 11 月 25 日在《人民日报》上发表[1]。

曹建猷以鲜明的观点、科学求实的分析和敏锐的洞察力首次提出当时"铁路电气化的科学技术问题首先是电流制的问题",接着从世界电力牵引发展的趋势和国外经验、交流电力机车优越的牵引性能与运营指标、单相工频交流制较低的总投资和运营费用、供电系统的简化和沿线通信线电缆化的利弊等多方面的论证和对比,认为单相工频交流制优于直流制,明确提出"我国铁路电气化应采用单相工业频率交流制",并针对当时有人主张某些区段暂时先采用直流制的做法,在文中指出直流制和交流制并用"在技术上是非常复杂的,为了铁路运输的长远利益,我们应避免走这条

---

[1]　曹建猷:我国铁路电气化的途径。《人民日报》,1956 年 11 月 25 日。

第六章　大展宏图　59

弯路，防止造成以后更大的困难。"

为了进一步科学论证《我国铁路电气化的途径》一文观点的正确性，曹建猷于1957年年初提出申报，经铁道部批准立项，由他主持开展"干线铁路电力牵引电流电压制标准"重大项目的研究，组织指导唐山铁道学院供电教研室几位年轻教师，以我国即将施行电气化的典型线路如北同蒲、丰沙大、宝成、陇海等具有长大坡道的线路纵断面和多隧道以及少数较平直的大干线为依据，分别进行了3000伏直流和两种单相工频交流电压等级（25千伏和35千伏）的供电系统总体布置容量选择、电力机车功率、选型与机务设施的设计研究，接触网结构、导线截面与按电气绝缘要求确定隧道、建筑物限界等方面的设计、研究，通过各种方案总体的技术经济（包括不同电压级绝缘要求限界的土建开挖工程量）对比分析和论证，最终确定25千伏单相工频交流电压制最优越，这一结论与世界上多数国家铁路电气化的电流电压制是一致的[①]。

1957年9月，铁道部决定我国铁路电气化采用25千伏工频单相交流制，停止了苏联专家援助、指导的直流制设计，天津第三设计院重新按交流制进行第一条电气化线路宝凤段的设计，此后工频单相交流制被确定为部颁标准，20世纪70年代经审定为国家标准颁布执行。

经过近半个世纪国内外铁路电气化建设和运营实践，工频单相交流制得到了快速发展，已取代直流制成为世界上主要的电力牵引制式，而有些国家如苏联在20世纪90年代前后已将直流制基本改造成交流制，减少了交直流衔接的复杂接触网和变电设施。我国从铁路电气化起步便确定了先进的工频单相交流25千伏电压制，走在了世界的前列，为以后重载运输和高速铁路的快速发展与安全运营创造了有利条件，并减少不必要的式制改造带来的麻烦和资金浪费，从总体上促进了铁路电气化的加速发展[②]。

回看中国铁路电气化这段历史，我们可以发现，工频单相交流制式的

---

① 《曹建猷院士纪念文集》编委会：《筚路蓝缕　桃李春风——曹建猷院士纪念文集》。成都：西南交通大学出版社，2009年。

② 西南交通大学校史编辑室：竢实扬华、桃李春风，西南（唐山）交通大学校友风采录（第一卷）。1996年，未刊稿。资料存于采集工程数据库。

确立从一开始就为中国铁路现代化奠定了决定性的基础[1]。1957年至今，中国铁路在牵引动力方面已从蒸汽、内燃牵引发展到以电力牵引为主的新格局。电力牵引比蒸汽内燃牵引优越，一个重要理由是拉得多跑得快，但是要充分发挥此优点必须采用交流电流制，工频单相交流制供电电压为25千伏，而直流制多为3000伏，相差一个数量级，因此不论向列车的输送功率大小还是输送距离均远不及交流制[2]。从表6-1可以看出交流制对比直流制的特性和优越性。

表6-1 单相工频交流制和直流制的特点[3]

序号	项 目	25千伏工频单相交流制	直流供电制
1	供电形式	单边供电	双边供电
2	牵引变电设施	牵引变电设施数量少；牵引变电所接线简单；投资较小	牵引变电设施数量多，并需设置主变电所；牵引变电所接线复杂，主变电所接线简单；投资较大
3	车站及区间动力照明变电设施	少量变电所、配电所可以与牵引变电所合建，其余均需单独设置；投资稍大	大部分降压变电所可以与牵引变电所合建，其余单独设置；投资稍小
4	牵引网结构	AT供电方式结构复杂、带回流线的直接供电方式结构简单，牵引电流小，牵引网截面积小	结构复杂，牵引电流大，牵引网截面积大
5	车辆最高运行速度（千米/时）	350	160
6	接触网允许的最高运行速度	350	160
7	供电安全性	牵引网电压等级高，所要求的安全防护距离较大	牵引网电压等级低，所要求的安全防护距离较小
8	传动方式和功率	交流传动，电机功率大	直流传动，电机功率小
9	控制方式	采用基于最新控制理论的交流调速系统，能获得与直流调速相类似的控制特性，但控制设备及控制方案较复杂	采用直流调速系统，启动和制动性能好、调速范围广、控制设备及控制方案简单

[1] 罗文骥访谈，2017年10月28日，西安。资料存于采集工程数据库。
[2] 陈维荣访谈，2019年10月1日，成都。资料存于采集工程数据库。
[3] 《曹建猷院士纪念文集》编委会：《筚路蓝缕 桃李春风——曹建猷院士纪念文集》。成都：西南交通大学出版社，2009年，第211-213页。

续表

序号	项　目	25千伏工频单相交流制	直流供电制
10	车辆	高速动车组费用高，车辆编组质量大，限界较大	直流制车辆电气传动系统简单，车辆制造成本低，车辆编组质量轻，限界较小
11	土建工程	荷载较大，土建工程断面较大，投资较大，实施难度较高	荷载较小，土建工程断面较小，投资相对较小，实施难度相对容易
12	再生制动能量吸收	牵引网分段，动车组再生制动能量只能被该区段的其他动车组利用，利用概率小	牵引网是一个整体，动车组再生制动能量被全线其他动车组利用的概率大
13	对隧道净空的影响	电压等级高，对隧道净空要求稍大	电压等级低，对隧道净空要求小
14	对电力系统的影响	产生三相不平衡和少量谐波，对电力系统电能质量有一定影响	产生少量谐波，对电力系统电能质量影响较小
15	防护处理	全线需做电磁防护，可通过增加架空回流线进行防护，处理相对简单，但无法彻底解决交流电磁干扰问题	全线需做杂散电流腐蚀防护，并设置监测系统，防护处理相当复杂
16	运营费用	变电设施少，定员少；电压等级高，电能损耗也少	主变电所多，需要的定员多；牵引变电所数量大，电能损耗大；电压等级低，电能损耗也大

　　对于城市轨道交通而言，由于线路位于城区，人口稠密、建筑密集、土建工程施工难度较大、环境要求和景观要求较高，采用机车结构简单的直流供电，车辆限界较小、荷载较轻，土建工程较省，避免了难以处理的交流电磁干扰问题。同时，采用高密度、小编组的运输组织模式，速度较低，牵引负荷较轻，采用直流供电完全能够满足供电要求。此外，通常车站间距较短、机车需频繁启动和制动，直流电机调速系统的优势得以充分体现。因此，各国地铁等城市轨道交通普遍采用直流供电方式。

　　而与直流供电相比，交流供电的突出优点在于：能采用较高的电压，降低牵引网电流，简化牵引网的结构，供电能力和供电半径大大提高。随着铁路的发展，牵引质量和牵引速度不断提高、牵引负荷大大增加，交流供电的优势日益凸显，大功率交流牵引电机驱动的列车日益成为电气化铁路的主流用车，工频单相交流制已成为世界上主要的尤其适于高速、重载铁路的供电制式。

由于我国从一开始就采用了先进的工频单相交流制，因此能在近30年来大运能、重载、高速等新的运输需求面前展示强大的适应能力，包括以京沪、京广、陇海铁路为代表的繁忙干线，以大秦铁路为代表的重载铁路（单元组合列车牵引定数2万吨，年运量4亿吨），以京沪高速铁路为代表的高速铁路（年客运量8000万人次，列车运营速度350千米/时，部分区段380千米/时，最小列车追踪间隔4分钟，列车16辆编组）。值得注意的是，这些数据表明，上述铁路的运输能力已经饱和，而采用工频单相交流制的牵引供电系统不会成为影响铁路运输能力的瓶颈。基于同样理由，其他铁路运输发达国家由于运输需求提高不再发展原有直流制，而改用交流制，尤其是高速铁路。欧洲的时速300千米高速铁路网全部采用交流制。交流制的优点还包括节省工程投资，沿线供电设施布局集中，方便运营管理等。目前，世界许多国家包括我国的经济矿山铁路还有直流制的存在，但我国干线铁路是幸运的，因为在电流制的选择中，有了曹建猷教授，我们一开始就走在了先进又正确的道路上[①]。

宝凤段电气化

中华人民共和国成立后，经过3年的努力，我国国民经济得到了全面恢复和初步发展，并从1953年起开始了有计划的经济建设。为了开发祖国内地资源，加强西南经济建设和国防建设，国家决定打开通往西南的屏障，修建宝成铁路。宝成铁路是中华人民共和国成立后修建的第一条工程艰巨的铁路，特别是宝鸡—凤州段更是艰险。线路由宝鸡车站引出，跨过渭河后即进入陡峭的秦岭山区，沿清姜河谷盘旋于崇山峻岭之中。为了克

---

① 李群湛访谈，2019年10月2日，成都。资料存于采集工程数据库。

服地势高差，以两个马蹄形和一个"8"字形迂回展线上升，线路重叠3层，高达817米，随后又以2360米长的隧道穿过秦岭垭口，进入嘉陵江流域，两岸山势险峻，河谷曲折，昔日陈仓古道就在这里。唐代诗人李白曾在《蜀道难》中发出过"蜀道之难，难于上青天"的慨叹。

图 6-2　青石崖隧道地形照片

在这样地形极其复杂的区段内，采用蒸汽机车牵引列车，牵引重量小，行车速度慢，运输效率低。由于宝凤段跨越秦岭的一段铁路地形极其险恶，隧道众多，91千米就有48个隧道，最长的秦岭隧道长约2.5千米，在蒸汽机车牵引条件下，隧道内温度可高达50~60℃，而且烟雾弥漫，对旅客和司机的人身安全构成严重威胁。在上秦岭的转弯加30‰坡度的地方，需要3台蒸汽机车牵引，速度最慢时仅5千米/时，人们可以像"铁道游击

图 6-3　宝凤段工人正在架设接触网

队"那样在途中搭便车。而使用电力机车牵引，在当时则可达25千米/时，速度提高了4倍。因此，在最初修建宝成铁路时，铁道部就决定宝鸡—凤州段采用电力机车牵引。这样，可使线路限坡由20‰提高到30‰，从而可缩短线路长度18千米，减少隧道长度12千米，节省工程投资6000万元（当年价格），还可缩短建设工期一年。

1953年11月，铁道部决定首先在宝鸡—凤州段采用电力牵引，铁道部抽调部分技术人员在苏联专家的指导下，开始宝凤段的电气化设计。在苏联专家建议下，宝凤段采用3000伏直流牵引制，1956年宝凤段直流电气化方案初步设计完成，委托苏联交通部进行技术鉴定[1]。1957年1月，铁道部采纳了曹建猷的意见，决定采用25千伏工频单相交流制，宝凤段也改用交流制重新设计。这种供电制式的确定，避免了我国电气化铁路发展中的弯路，为我国电气化铁路的发展打下了良好的技术基础[2]。

1958年3月，国家决定宝成线宝凤段开始进行电气化改造。当时第一件大事就是组建施工队伍。按照任务书的规定，该项工程由铁道部通信信号公司承担。通信信号公司是当时唯一与电气化工程性质相近的施工队伍。为担负起电气化施工任务，又相继从齐齐哈尔、上海和广州铁路局调来10名技术人员，从辽宁阜新煤矿调来有直流接触网维修经验的工人8名，从唐山铁道学院和济南铁路运输机械学校供电专业分来50多名毕业生。1958年4月17日，铁道部电务工程局决定将原通信信号公司宝凤段电气化铁路筹备机构及第六工程队合并，组成具有接触网、牵引变电、机务供电、通信、信号等专业的综合施工队伍——电务工程局电气化铁路第一工程段，这就是中国第一支电气化铁路施工队伍[3]。

1958年6月15日，宝鸡—凤州段电气化铁路开工。电气化铁路第一工程段这支近千人的施工队伍，手持铁镐、风钻，开进了扼巴蜀咽喉、阻南北风气的秦岭深处，他们披荆棘，暴霜露，筚路蓝缕，风餐露宿，挖坑立杆，架线铺缆，成为电气化铁路这片广袤原野上第一批拓荒者，由此揭

---

[1] 张力民访谈，2017年10月28日，西安。资料存于采集工程数据库。
[2] 罗文骥访谈，2017年10月28日，西安。资料存于采集工程数据库。
[3] 符德川访谈，2017年10月28日，西安。资料存于采集工程数据库。

开了中国铁路电气化建设的序幕。

1960年4月，宝凤段电气化线路全线贯通，4—5月，铁道部为进行线路开通和通电试验，专门组织成立了通电试验与开通领导组，其目的是检验新建线路是否达到运营的标准。领导组由铁道部电气化局贾局长任组长，曹教授应邀为副组长兼技术组长，贺威俊也是领导组的成员之一。当时对电气化施工，特别是25千伏交流接触网施工的工艺要求与标准，领导组谁也没有底，苏联也缺乏这方面的经验。通电试验前，领导组先分成若干小组分别对三个牵引变电所，站场接触网、机务段、区间接触网等"个体工程"按标准进行试验验收，其中关键是秦岭站场以北的长2.7千米秦岭隧道内接触网，经多次绝缘电阻测试几近为零，未能通过验收。原因是当时宝凤段的运输没有中断，秦岭上坡的三机牵引蒸汽机车在隧道和站场内喷出的水汽夹杂着煤烟尘粒，使接触网绝缘子表面形成导电通道而短路，这种情况在长大隧道中因通风不良而尤为严重。领导组了解到这些情况并和基层的工班长、技术人员研究商量对策，最终提出应在测试前对隧道内接触网采取全面擦拭绝缘子的办法，然后在秦岭隧道接触网进行重点试验，获得成功。直至5月底全线正式开通试验的前一天，技术组长曹教授作出决定，组织全线接触网施工人员当晚奔赴秦岭隧道、宝鸡站场等重点现场，连夜进行接触网绝缘子擦拭，直到绝缘试验全部合格，从而保证了第二天通电试验的顺利进行和全线的圆满开通。同时，这次开通试验也为以后新建电气化线路的混合运输（电气与蒸汽机车同时运营）过渡阶段、接触网的运营维护积累了宝贵经验。

首次通电在任家弯变电所进行，由曹建猷指挥操作，一次向北段送电成功，蒸汽机车牵引例行旅客列车安全地通过了隧道。而后，为照顾在场

图6-4 宝凤段电气化施工照

的苏联专家，领导小组决定由秦岭变电所向南段送电改由专聘来华的苏联专家主持，苏联专家对曹建猷使用摇表测试线路绝缘并据以制定的送电标准半信半疑，翌日在测试绝缘值为零、下线路检查又未查出原因的情况下采取强行送电，结果引起线路开关爆炸，当场灼伤4人，引起现场极大恐慌，试验因此中断了一天。此时试车工作正在加紧准备中，有些参加试车的人员提出，一台电力机车最多只能将700吨列车拉上秦岭，曹建猷经过细算，得出可拉1100吨列车。为了消除疑虑，他建议在列车组成中加入3台蒸汽机车以备必要时为电力机车"保驾"。全线通电试车仍由曹建猷指挥，又是一次成功。后来经多次试验，单机牵引列车重量都在1050吨以上。

经过这次紧急处理苏联专家试车故障的善后事件，曹建猷在施工现场被传为神话一样的人物。当他再次来到现场时，工人们奔走相告，"曹教授到我们工地了！大家快去看啊！"他们从工地赶到曹建猷所在的地方，争相一睹他长什么模样，竟有这么大的能耐！[①]

1961年8月15日，宝凤段正式开通交付运营，中国正式诞生了电气化铁路。为了提高运量，后来改由3台电力机车牵引2400吨列车通过秦岭，与区段以南的列车重量"接轨"。宝凤段电气化铁路运营后电力牵引

图 6-5 宝凤段电车驶出隧道

[①] 中国科学院学部联合办公室编：《中国科学院院士自述》。上海：上海教育出版社，1996年，第916页。

第六章　大展宏图

由于功率大、拉得多、速度快、污染小，在中国铁路运输中显出巨大的威力：昔日这条坡度20‰的铁路，3台蒸汽机车只能牵引920吨货物，改用3台电力机车牵引后能力达2400吨，运能增加2.6倍，年运输能力由原来的250万吨增加到1350万吨，提高5.4倍；行车时速由过去的25千米提高到50~70千米，每万吨千米的机务成本由原来的42.7元减少到16.8元，降低了60%。与此同时，司乘人员的工作环境和旅客的旅行环境也大为改善。

出国交流与考察

1957年春天，中国铁路电气化考察团赴苏联、波兰、捷克、匈牙利等国考察电气化铁路和电力机车制造[①]。曹建猷任副团长，团长是机务局副局长宋立刚，成员还有顾稀、闫启杰，还有电机部一名工程师和俄语、德语翻译。考察团到达苏联后，苏联人民十分热情。但当中国代表团向苏联买两台内燃机车时，他们说自己还不够用，考察团最后不得已购买了1000台"煤老虎"。

那是学苏联的年代，但曹建猷、姚皙明等专家一直抱着如饥似渴地学习但批判吸收、绝不盲从的原则。1958年，电机局组织十多人去苏联，就苏联机车进行改轨设计，由湘潭电机厂总工任团长，杜庆萱任副团长，姚皙明担任电机组组长。姚皙明提出电机改四极，用补偿绕组，没有被采纳。回国

图6-6 20世纪50年代，曹建猷（正中着西服者）赴苏联考察时与绝缘研究方面的专家合影

---

① 西南交通大学对外交流大事记，西南交通大学对外交流史料汇编：《西南交通大学校史资料选辑（第十三辑）》。成都：西南交通大学出版社，1997年。

后在湘潭厂制造，年底造出两台样车，命名"韶山"001号与"韶山"002号。直到1965年曹建猷夫妇去湘潭参加电工组分组会，姚皙明再次提出改四极问题时才改过来。事实上，苏联设计的六级电机整流片底部仅厚1.5毫米，刷间距离仅1/6周长，容易发生环火。

同样，苏联专家不熟悉交流制设计，我国聘请的苏联专家组组长约曹建猷在北京会晤、交流。不久，他又来信询问接触网的计算方法，曹建猷根据交流电的特点列出算式，帮助苏联专家解决了问题[1]。从曹建猷的回忆中，可以看出他那种湘乡人的聪慧与不服输的秉性：

> 两位苏联专家来，给了我们了解苏联专业情况的机会，却没有从他们那里学得专业知识。专家库金来校不久，便提出将两年期缩短为一年。原因是，他的博士论文完成了，要答辩。专家组长说，如果学校要留，他可以说服库金。我说，与其强留，不如随意。诺维科夫于1955年来到唐山铁道学院，他是来校的第一位苏联专家，教牵引计算，在机械系。很多人去听课，包括顾稀，我也去了。听课，就是照抄笔记，比较刻板，但牵引计算过程倒是讲清楚了，解决了how的问题，why涉及不多。库金也给教师讲过供电课，也没有拿得出来的自己的见解。铁道部决定采用交流制，后来中国做设计的苏联专家组也随中国人员从第一设计院调到天津第三设计院。苏联专家组组长约我在北京会晤，询问有关交流设计问题，我一一作答。俄语教研室的胡世麟副教授为我翻译。事后苏联专家组组长又来信询问交流接触网的计算方法，恰好库金在场，他看了说："我们俩比赛，看谁先作出来。"库金没能做出来。我把计算公式列好，做了一个例题交林懿珍核对，然后写好回信。主要是钢铝导线参数受电流变化的影响。我用了一个数值，参数便变成了常数。接触网参数主要用于计算最大电压降，所以我用最大负荷来选定权值。工程计算，历来如此。我这个方法，后来在设计院沿用至今。[2]

---

[1] 电力牵引最大限制坡度合理值的研究提纲，1960年1月1日。存于西南交通大学档案馆。
[2] 曹建猷：《七十七年自述》，未刊稿。资料存于采集工程数据库。

1958年9月20日，在宝凤段电气化铁路开工3个月后，北京东郊17.4千米电气化铁路试验环形工程也开始动工，1959年5月16日交付使用，后来这里成为铁道部电气化铁路的科技试验基地。

随着铁路电气化的起步，铁道科学研究院机车车辆研究所于20世纪50年代初成立了电气化和电力机车的相应研究机构，曹建猷被聘为该院的院外学术委员会委员和电气化研究的指导人，从研究人员的进修到研究项目的制订，他都作出规划和安排。一方面，他让部分研究人员到唐山铁道学院电机系听课进修；另一方面，他也经常到铁道科学研究院给予指导和参加学术活动，使铁道科学研究院在电气化领域的研究活动逐渐拓展和扩大，并加强了唐山铁道学院电机系与铁道科学研究院的合作和联系[1]。他非常关心分配到铁道科学研究院的唐山铁道学院毕业生。例如，当唐山铁道学院毕业生靳蕃在高速接触网振动理论和畸变电流谐波分析的研究中取得初步成绩时，曹建猷给予了热忱鼓励，并要他回母校作报告，谈科研心得体会，还将其成果推荐到全国电气化铁路论文报告会上宣读、发表。

与此同时，曹建猷还直接指导技术人员进行电气化铁路电压等一些标准的研究和制定[2]。他经常从唐山到北京给技术人员讲课，指导编制我国第一个电气化铁路电压标准，并与技术人员一起到电信局、清华大学等地做实验，还亲自到现场去勘测，向工人学习，与他们打成一片。当时靳蕃刚分配到铁道科学研究院电气化铁道研究室，曹建猷亲自到铁道科学研究院拟定并组织实施"我国电气化铁路的电压标准"研究课题，从实践中进一步探求采用单相工频交流25千伏方案的合理性和可行性。该课题按院校合作研究方式进行，一方面由当时电机系刘惠如等人用铁丝网制作模拟隧道净空到电力改进局进行高压实验，另一方面由电机系刚毕业的学生将绝缘子挂到京沙线的实际隧道中经受蒸汽机车烟熏后再在模拟隧道悬挂条件下进行耐压试验。在充分的实验数据和严密的理论分析支持下，课题组终于完成了任务，证实了曹建猷所倡导的单相工频25千伏交流制在我国已

---

[1] 曹建猷教授即去北京报到，1956年6月13日，存于西南交通大学档案馆。
[2] 靳蕃访谈，2017年9月15日，成都。资料存于采集工程数据库。

有线路改为电气化铁道中不但是经济合理的,也是安全可靠的[①]。

一份 1958 年重点研究项目资助报告[②]可以充分说明曹建猷领导的研究团队围绕着中国第一条工频单相交流制式电气化铁路展开的开拓性研究。他在《关于干线电力机车设计、试制、研究专题的决定》中指出包括单机牵引的经济的限制坡度值之推求,单双机牵引配合时经济限坡值的推求,没有再生制动条件下经济限坡值,大下坡制动问题的讨论,关于规定的最大限制坡度值的意见,有关限制坡度选择的参考资料等都是十分重要的研究对象。[③] 在《地下铁道采用交流制电力牵引的可能性》一文中,曹建猷论证:地下铁道是实现迅速而经济的客运工作的重要工具之一,在国防上也具有重大意义;而地下铁道电气化运输中,电流电压制的选择关系到长远的技术和经济问题,目前亟待解决。文章还谈到地下铁道采用交流制的可能性,包括电压等级的选择、电动机、牵引网、经济效果等[④]。

铁路电气化曲折前进

在曹建猷领导创办电气运输专业的过程中,一直都有不同的声音。每次听到那些反对铁路电气化的声音,曹建猷心里虽然难过,但他咬定青山不放松,艰难地砥砺前行,终于迎来大放光明的前景。

1958 年,在国务院规划委员会的第二个五年计划中,提出要建 580 千米的电气化铁路,对涉及电气化铁路的一些技术问题作为研究课题正式立项,专拨经费进行研究,由曹建猷负责,铁道科学研究院等单位协助。但在后来的实际执行过程中,电气化铁路的建设搁置了一段时间,培养的专业

---

① 《曹建猷院士纪念文集》编委会:《筚路蓝缕 桃李春风——曹建猷院士纪念文集》。成都:西南交通大学出版社,2009 年,第 96-98 页。

② 1958 重点研究项目说明书。存于西南交通大学档案馆。

③ 本院关于干线电力机车设计、试制、研究专题的决定,1959 年 1 月 23 日。存于西南交通大学档案馆。

④ 地下铁道采用交流制电力牵引的可能性,1959 年 1 月 23 日。存于西南交通大学档案馆。

人才学非所用，这引发了对于是否继续办铁路电气化专业人才的争议，也给了曹建猷很大的压力，这个压力一直持续到20世纪80年代的改革开放。①

实际上，就在电气运输专业建立之初，这个争议就出现了。那个年代，连全国实现电灯、电话都还是遥远的目标，搞电气化铁路，感觉如空中楼阁。苏联当时提出了共产主义就是布尔什维克加电气化的口号。人们包括一些专家学者都认为我国在当时搞电气化铁路不现实，远不如建桥修路，搞蒸汽机车、内燃机车来得实在。

有一次曹建猷的儿子去上学，路过学生宿舍时，几个大学生认出他来，然后带着讽刺的口吻问他，你们家电气化没有？②所以，曹建猷在1956年11月发表在《人民日报》上的文章《我国铁路电气化的途径》中，用很大篇幅阐述了我国实行电气化运输的理由，正是为了回应当时人们的种种疑虑。

我国的铁路电气化之争并没有因为曹建猷发表在《人民日报》上的这篇权威文章而一锤定音。后来，随着我国国际环境形势的变化及周边安全问题愈演愈烈，1961年宝成铁路宝凤段电气化改造通车后，按照第二个五年计划，国家要修建500多千米的电气化铁路。但是，有人提出来，如果铁路搞电气化，在战争中容易被破坏，一旦断电将全线瘫痪，而且不易修复。把这个问题上升到国家安全的高度。当然也有人反驳说，其他的形式比如内燃机车，遇到战争还是一样被破坏。当时一是国家的经济实力、电力工业发展的程度不够高，二是也有基于战争因素的考虑，国家领导人认为战争的因素在增加，继续修建电气化铁路的计划还是被搁浅了。③

好在这些争论和质疑主要来自铁路之外，铁道部对铁路电气化的态度始终是坚定支持的，从没有动摇过。在铁道部内部的争论主要是围绕技术方面，如电流、电压制式及电压等级的确定等。关于电压制选择的曲折过程，曹建猷在自述中写道：

---

① 曹建猷：《七十七自述》，未刊稿。资料存于采集工程数据库。
② 曹康白访谈，2017年10月7日，成都。资料存于采集工程数据库。
③ 贺威俊访谈，2018年3月20日，成都。资料存于采集工程数据库。

那年召开韶山设计鉴定会，与会人员有余光生、柴沫、宋力刚三个局长，铁道研究院副院长岳志坚，上海的许应期、西安的钟兆琳和我三名教授。会上，铁道科学研究院提出要改用35000伏接触网电压，工厂不同意。余光生副部长说："曹建猷同志说的，应当用25000伏。"钟兆琳说任务书规定25000伏，设计已做好，工厂不同意改，就只能按原任务书执行，争论才平息。我听说此事后说25000伏、35000伏的经济指标相差无几，技术上各有优缺点，已向法国订购25台25000伏机车。改，损失太大，不赞成改。我看到宋力刚谈了以上意见，他说，25台法国车都废了，也要改，并指示宝鸡段按35000伏设计，25000伏过渡，干了一件大蠢事。近10万千伏的变压器，三分之一容量报废了。供电段还责怪第三设计院容量给少了。1960年通电试车后才知道问题不像看起来那么容易，宋力刚等人最终才放弃改压的念头。研究报告于一年前提交，但在机务局开会时，对改压问题仍提出异议。结果决定由我牵头，对四条计划线路采用两种电压进行比较。计算结果显示，经济指标25000伏略优，但这并没有打动工厂的领导。

交流制比较顺利地决定了，没料到电压标准遇到这多麻烦。

1959年，唐山铁道学院电机系建系10年，在系主任任朗、曹建猷的领导下，唐山铁道学院有了很大的发展。在设备方面，电机系创立之初从原来的唐山工学院只接收了少量的仪器，没有一个实验室，而现在有了7个具有现代设备的实验室，还有大量过去从未有过的贵重仪器和大型的专业试验设备，例如示波器和各种电子仪器、精密电桥、标准仪表、10万伏试验变压器、50万伏冲击波发生器、巨型牵引电机试验装置、电力机车成套设备、各种新型继电器和遥控设备等。有的实验设备甚至在国外最完备的学校里也很难找到。[①]

---

① 电机系十年来的发展，1959年9月30日。存于西南交通大学档案馆。

1959年，曹建猷担任电机系主任[①]，电机系分为电力机车、电力铁道供电两个专业[②]。后来电力铁道供电专业更名为铁道电气化专业。关于铁道电气化专业名称的变化，1958届毕业生白家棣回忆说：

> 铁道电气化专业开始叫电气运输专业，主要是培养铁道电气化供电系统设计、施工、运行和电力机车设计、制造、运行方面的专门工程技术人才。电气运输包括两个方向，一个就是电力机车方向，管电力机车的；另一个是电力铁道供电，到后来电气运输的名字不叫了，又改回电机系，成立了电力机车专业或电力铁道供电专业。但后来有的老师觉得电力铁道供电专业在招生上很容易造成大家误会，好像就是一般的供电专业，后来就改成了铁道电气化。实际上这个名称是不准确的，很容易造成误会，实际上现在说的铁道电气化就是原来的电力铁路供电。[③]

最初曹建猷一直担心的教师数量问题也在发展中逐渐得到了解决。教师达到36人，其中新成长的教师有20人担任讲课任务。教师中三分之二以上有从事科学研究的经验，他们担负着近30门本科各专业的课程和毕业设计以及干部班、业余工学院和专修科有关课程的教学。不仅教师数量上升了，学生人数也逐渐增加，1949年建系时共招收了本科学生32人，专修科学生16人，到1959年已有本科学生近400人，专修科学生70余人。还有干部班、业余工学院的学员。

不仅如此，科学研究工作也有了很大的发展，在"大跃进"时期，已发表和未刊出的重要论文和学术报告40余篇，其中有些是尖端技术和国家重要项目的研究成果，比如我国第一条电气化铁路宝凤段在建设过程中

---

① 西南交通大学（唐山交通大学）校史大事记（1949—1995），1996年。资料存于采集工程数据库。
② 电力铁道供电专业教育计划，1959年7月19日。存于西南交通大学档案馆。
③ 白家棣访谈，2017年8月20日，成都。资料存于采集工程数据库。

提出的许多技术问题，结合教学进行研究[①]，当时有5个国家项目正在进行，有两个项目和苏联高等学校建立了协作关系，参加科学研究的人数包括教师和高年级学生在内近 100 人，有多项研究成果[②]。

到 20 世纪 60 年代中期，曹建猷等人精心创建的电气运输专业不仅拓展为铁道电气化和电力机车两个专业，还为我国铁道电气化建设培养、储备了大量工程技术人才。[③]

---

① 档案，曹建猷所在的供电教研室认真指导电 57 同学完成毕业设计，新唐院，1962 年 7 月 25 日，第 453 期。
② 档案，曹建猷所在的供电教研室承担的两个项目分别荣获国家三等奖和铁道部一等奖，新唐院，1964 年 9 月 16 日。存于西南交通大学档案馆。
③ 教务科 一九六二年、一九六三年毕业生名册。存于西南交通大学档案馆。

第七章
峥嵘岁月

一 办 计 算 机

1959年，全国掀起了技术革命与技术革新的高潮，曹建猷提出，唐山铁道学院电气运输系新设置三个先进技术专业：无线电电子学、计算技术与自动化专业。后来把计算技术独立出来，设置计算技术、铁道自动化与远动化专业，分别由姚酲明、潘启敬负责筹建。

曹建猷在制订教学计划、安排任课教师、兴建实验室、从老专业的二年级抽调学生转入新专业等方面都做了精心的部署[①]。新设置的三个专业实际上初步铺垫了20多年后信息与计算机工程学院的格局。潘启敬原是供电专业的，姚酲明原来学无线电，之后都搞了电机。办无线电专业后，姚酲明就到无线电教研室当了教研室主任。任朗教授一直搞天线、微波方面，无线电力量很强。所需教师都是从原供电、机车两个专业转行的，同时尽可能搜罗适合新专业的人才。比如把朱怀芳从原电气化、政工岗位上调去学微波通信，把诸昌铃从电气化专业调去学半导体。先安排他们出去

---

① 电力铁道供电类教学大纲（草案），1963年4月1日。存于西南交通大学档案馆。

学习。

现有人员远远不够，三个专业至少需要 30~40 人。在教学任务十分繁重，师资力量严重不足的情况下，曹建猷毅然抽调一些毕业班学生，到教研室，叫预备教师，与转行教师一起派到北京铁道学院、北京邮电学院、北京大学、铁道科学研究院等单位进修或代培，有的学计算机，有的学通信，有的学自动化。经过大约两年的培养，这批青年教师都成为新专业的教学骨干。

1960 年三个专业开始招收新生。另外，又从 1958 年入学的三年级学生中抽调一部分人进行专业学习，组成计算机、无线电电子学专业第一班。同学们在上了一、二年级基础课的基础上学习新专业课程，这样学得快一些。

而同样半路"出家"、无法去专门学习的曹建猷则从能搜集到的资料中自己钻研，而且挑起了计算机课的大梁，讲授电子模拟计算机课程。年轻教师潘启敬撑起了计算技术专业。实际上曹建猷空余时也在钻研计算机，他亲自带 1959 届毕业生诸昌铃的毕业设计，内容就是模拟计算机，做模拟计算机的核心部件叫运算放大器，那时候是模拟计算机，是电子管的，不是数字。1962 年，曹建猷将自己的讲稿以《电子计算机原理及应用》为书名编印出版[1]。

曹建猷的课程从 Miller 直流运算放大器开始，讲授了加法器、微分器、积分器、乘法器、除法器、函数发生器以及模拟计算机系统等，他的讲课深入浅出，还特别注重基本概念的理解，抓住了"虚地"概念，所以运算器的分析迎刃而解。当时上课就学习理论知识，下课就动手开发研制，曹建猷十分重视学生动手能力的培养，他对每一道工序的要求都十分严格，还具体指导解决关键问题。当核心部件运算放大器不能稳定工作时，他指出高阻抗电子管直流运算放大器的漏电问题。因为常规电子管放大器是在铁底板上安装的，管座和元器件之间存在漏电，对于一般交流放大器，由于隔着直元件的存在，漏电不至于影响下一级直流工作点的稳定。而直流

---

[1] 中华人民共和国铁道部关于成立铁路高等学校教材编审委员会的通知，电力机车及电力铁道供电专业教材编审委员会。存于西南交通大学档案馆。

运算放大器则不然，漏电会逐级放大，使工作点不能稳定。在增加了放大器安装绝缘板后，问题得到了圆满解决。

那时开这样的新技术专业课真的很艰难，今天难以想象。全程参与计算机专业筹建的诸昌铃回忆道：

> 我1960年给学生上半导体课，我们也没学过，又没教材，找了北京邮电学院，我一个亲戚在那里，正好他们学校有一本，也是这种油印的教材，拿来看，跟看天书一样。我跟曹教授说我看不懂，他说，看不懂你好好看看就行。硬看了两个月。不能说懂，反正是照猫画虎吧。现学现教，他说，今天上课你比学生多知道这一讲，就行了，下去赶快背下一讲，基本上就这么逼出来的。后来起码过了两三年才真正弄懂是怎么回事。①

为了在全校普及新技术知识，1960年3月，举办自动化扫盲班，全校各系学生、教师及兄弟院校的进修教师600多人参加。曹建猷亲自为自动化扫盲班讲课，讲授计算机原理（包括电模拟、电子模拟、电子数字计算机及自动化与遥控原理等内容）。

1962年7月，为贯彻国家"调整、巩固、充实、提高"的方针，电机系新办的三个新专业全部停办，只保留原来供电、机车两个老专业。1960年，新招来的学生还没上专业课，就被分到别的专业去了。1960年开始学习专业的学生，则到毕业为止。1963年1月，在学习4年半以后，第一届计算技术、无线电电子学专业79人本科毕业，其中，计算技术39人，无线电电子学40人。这些人多数分到了国防和解放军总参谋部等重要单位。那些出去培训回来的教师，教了一年以后又转行了。

事实上，1960年就开设计算机专业是非常具有前瞻性的行为，诚如大家所言：

---

① 诸昌铃访谈，2017年9月7日，成都。资料存于采集工程数据库。

当时上级的要求是：凡是世界上有的尖端专业，在重点学校中全部要设，外国有了新专业，我们也要赶快搞起来。趁着这股风，唐山铁道学院的专业一下子发展到27个。对这些发展起来的新专业，当时不一定具备条件，但有的专业却是超前的、有远见的。其中就有在电机系主任曹建猷倡导下创办的无线电、计算技术与自动化新专业。[1]

在1960年唐山铁道学院创办计算技术、无线电、自动化三个新专业的初期，曹建猷教授就提出要把唐山铁道学院建成华北的计算中心。当时我们年轻教师对于计算机在科学技术方面的重要作用并不了解，甚至对计算机也知之甚少，因此对教授的这一提法多少感到有些茫然。直到20世纪80年代，计算机在科学技术领域开始广泛应用，以至今天计算机可以说是无处不在。回过头来再看教授的这一创想，才体会到它的深远意义。试想当时如果按照教授的思路，兴办计算机专业，今天我校在这一领域可能达到的水平，怎么估计都不过分。可惜的是，到1962年调整新专业时，计算技术专业不得不停办，致使教授的宏图大略到16年后才得以实现。[2]

为了保存这一批新专业的骨干力量，曹建猷当时曾设想把三个新专业合并成一个"电子工程"专业，这一设想得到了顾稀院长的支持，但是没有通过铁道部教育局这一关，致使曹建猷三年的心血付之东流。对此，曹建猷也是扼腕叹息：

> 1959年我们将专业划分为两个专门化。1960年改为电力机车和电力铁道供电两个专业，同时成立计算机、自动控制、无线电等几个专业。到1961年又纷纷停办，只有计算机专业由于是从各系三年级抽

---

[1] 苏志宏：《西南交通大学史（第四卷 1949—1972）》。成都：西南交通大学出版社，2016年。

[2] 《曹建猷院士纪念文集》编委会：《筚路蓝缕 桃李春风——曹建猷院士纪念文集》。成都：西南交通大学出版社，2009年，第102-203页。

来，仍保留，直至毕业，于1963年初离校，大部分去了总参和总后。顾院长想保留计算机专业，遭到教育局反对。在我的建议下，只留下钱清泉、张树文、梁洲、张广儒四人搞遥控，由潘启敬主管其事。我校苏联专家得知我们创办计算机专业后也很鼓励，但苏联几个铁道学院办起了计算机专业来，没想到我们自己倒又停办了。①

痛 失 爱 人

1966年6月23日，"文化大革命"风暴刮到了唐山铁道学院，曹建猷当时正带领学生在铁道兵某师进行现场教学，便收到学校发来的两份电报，催他回校。他去团部住了一夜，第二天搭车到禄丰，何其光又拿来第三份电报：姚皙明去世了。他一时瘫倒在椅上，久久缓不过来。

曹建猷当时所住的部队用小车把他送去了昆明，并帮他购买了从昆明到成都的飞机票。到了峨眉，曹建猷被扣上了"反党反革命"的帽子。在峨眉的第二天，路正华关心地问他睡得怎么样，他未做声。其实那天他极其疲惫，倒头便入睡了。在曹建猷刚得知爱人去世消息的头两三天，他真想和姚皙明一起一走了事，但一想到三个孩子又觉得放不下。那时曹康白还没有成年。曹建猷在日记中写道："他们，是皙明最钟爱的，不能再失去父亲。这样，

图7-1　1965年，曹建猷、姚皙明与即将工作的儿子和即将上大学的女儿合影

---

① 曹建猷：《七十七年自述》，未刊稿。资料存于采集工程数据库。

心情才平静下来。"

对此，一直在身边的何其光回忆道：

1966年初春，同学们返校进行毕业实习和毕业设计，为了工程最后顺利完成，团队决定曹教授和我及刘茂智留下，我和刘茂智辅助、配合曹教授并负责照顾他的生活起居，这样我们在一个帐篷里又工作生活了四个多月。曹教授经常带着我们亲临现场、核对图纸、解决问题，他一丝不苟、认真负责的精神深深感染了我。平时我们从师部饭堂打来饭菜一起吃，边吃边聊天，无所不谈。那时曹教授的一个小半导体收音机就是我们了解外面世界的唯一渠道，虽然条件艰苦但日子过得很充实。及至5月中旬"文化大革命"开始后，曹教授则是半导体不离身，而心情一天比一天显得沉重，且郁郁寡欢起来。实际上，我心里也很沉闷，因为此前经历过教研室里"左"派对曹建猷、潘启敬二人上纲上线的批判，预感到此次可能更是来势凶猛的一场暴风雨，后面发展情况如何难以预料。没多久学校来了一封电报，叫我们回到峨眉学校参加"文化大革命"，但因多日连续大雨，大山中的简易公路塌方断道，根本出不来，通过师部回电告知后三四天接到第二封电报，电文语气加重，令曹建猷立即返校参加运动，然道路不通干着急也没办法，曹教授看了电文一言未发，估计他已经明白了自己的不妙前景。又过了几天，师部传令兵告我来了第三封电报，我立即去取，打开一看是"姚晢明自绝于人民，令曹建猷火速回校接受群众批斗"，我觉得此电报决不能让曹教授看到，否则后果不堪设想，与刘茂智商量后立即到师部汇报，经师长同意一旦道路开通即用他的吉普车送行，并通过西工指（西南三线工程建设指挥部）在昆明预留一张飞往成都的机票。几天后告别师领导踏上返程，百十千米的路程因泥泞、坑坑洼洼竟走行了七八个小时，一路大家无话，只见教授显得既紧张又忧郁，我们也不知说些什么来宽慰他。好不容易到达昆明机场将曹教授送上飞机，发给学校电报告知，我们这一路紧张的心情也稍稍放松下来。我们则立即赶到火车站，并在贵阳、重庆、成都三次转车，经过近三天的时间才回到峨眉。到校后方才听说曹教授一下飞机在成都机场就被戴上了"高帽"，并被立即"押解"到峨眉。①

峨眉校园中很多大字报大都是批判曹建猷的，有时还要忍受皮肉之苦。加之爱人姚晳明愕然离世，这一切使他不知所措，陷入极度悲观、绝望之中。经过一段痛苦的折磨之后，曹建猷的情绪逐渐稳定。批斗高潮过后，电机系全体师生共建零号楼，建成后曹建猷从帐篷搬到了单身教师集中住的二楼。这段时间，青年教师经常在晚上端着饭碗跑到曹建猷的房间边吃边聊天，戏称是和"老曹""扯淡"，有时扯到有趣的事情大家会开怀一笑，在那政治空气凝固难捱的一段时间，几个年轻教师的陪伴，使孤独的曹建猷在精神上得以支撑了下来。

接着，唐山铁道学院的运动转向，学生到北京闹革命去了，回来组成"红旗"战斗队。留峨眉的叫"东方红"战斗队。曹建猷等被扣各种帽子的人被"红旗"战斗队要求去唐山。曹建猷终于可以回唐山的家了。回到与爱人生活经年的西新居所后，曹建猷心中悲切，在日记中写下宋代晏殊的词：

浣溪沙·一曲新词酒一杯

一曲新词酒一杯，去年天气旧亭台。夕阳西下几时回？

无可奈何花落去，似曾相识燕归来。小园香径独徘徊。

第二年，西新屋前桃花没有开放，曹建猷感慨万千，写下一首词后，伏案痛哭②。

卜算子

子立台阶边，茎小丫枝瘦

昔日逢春香满园

---

① 何其光访谈，2019 年 10 月 4 日，广州。资料存于采集工程数据库。
② 曹建猷：《七十七年自述》，未刊稿。资料存于采集工程数据库。

曾为群芳妒

闻友不观鱼，潜泪哀空树

两易寒冬春又来

何日花如故

曹建猷姚晳明伉俪情深，他们从上海交通大学相识相知，姚晳明跟随曹建猷的脚步从上海来到昆明，又同年共赴美国留学，回国后成为电机系电机专业方向的学术专家，参与了韶山 1 型和 2 型机车的研发。姚晳明是一位聪慧贤达的知识女性，一生投身大学教育和电机研发事业，是电机系早期四大教授之一。其助教白家棣回忆道：

1957 年，留校后，我被安排到电机教研室，担任姚教授的助教，她对青年教师十分严格，同时又积极培养，大胆试用。1959 年，形势发展把我推上讲台，第一次上课，我诚惶诚恐，姚教授却倍加鼓励，还将她的《电机学》完整讲稿无私赠与，供我参考，讲稿上字体秀丽端庄，逻辑严密，思路清晰，涉及内容剖析得深入浅出。拿到讲稿，感激的同时，更多的是敬佩。我把它装订成册，厚厚两本，细细参详，所获甚多，这也成为我教学生涯的教案原本。曹教授夫妇关心青年教师、治学严谨之事例，凡此种种，不一而足。

犹记当年授课的几位教授，均以严谨著称，尤姚教授为最。她教案工整，字迹清秀，几近出版水平；备课时，一丝不苟；讲课时，思维清晰，逻辑性强，尤其板书，堪称一绝，自觉上课是一种享受。那年上海交通大学 3 名年轻教师来校进修，其中一位到我宿舍，偶然发现姚教授主讲《牵引电机》时我的课堂笔记，重点、难点、公式、定理均阐述详尽，啧啧称赞，如获至宝，不舍放下，请求我割爱相赠。当时情景，难以拒绝，遂将笔记馈赠于他。时隔多年，聊及此事，还一直感激再三，原来他长期以笔记思路为纲授课，获益良多。

20 世纪 60 年代，为加快培养年轻教师的步伐，教研室要求每位老师拟定一个研究方向，每年交一篇论文。我的选题是"异步电机变频调速",那时科技文献极其匮乏,查阅资料非常不易。后来听说铁道科学研究院的王亨祥教授刚从德国留学归来,研究方向便是"异步电机变频调速"。我很兴奋,找王教授借阅学位论文,如获至宝,可翻开一看,登时傻眼,全是德文,除了公式、图表以外一窍不通。姚教授获悉,拿走了论文。两星期后,她交给我一本整整齐齐的译文,令我始料不及。捧着沉甸甸的论文,感触颇深,工作繁忙的姚教授居然只花两个星期就将整本论文翻译好并整理得如此整齐,这里面倾注了多少心血和对年轻教师的关爱啊!

曹教授和姚教授对青年教师的关爱,始终贯穿他们一生。姚教授为青年教师开设机电能量转换课,并讲授"脉流牵引电机整流"和"不对称电机的对称分析法"等专题,新鲜的知识大大开拓了大家的视野,成为我们这一代教师成长不可或缺的"食粮",后来,我能为研究生讲授电机统一理论课并指导研究生论文,无不受益于两位教授孜孜不倦的知识传授和悉心指导。20世纪60年代初,姚教授当选全国人大代表,我们都感到高兴和自豪。每次开会回来,姚教授总会在教研室会议上为我们讲述大会情况,见闻述说中,不忘时时激励大家奋发向上,而且常带回一些大会赠品或纪念品,点点滴滴,饱含关怀和温暖。

曹建猷痛失爱妻,余生未再娶,在"文化大革命"后女儿曾经表示,儿女都长大,他可以找一个伴。曹建猷摇头叹息道:"哪里还有你母亲那么好的人啊。"[①]1979年,姚皙明的骨灰安放仪式在峨眉举行,其中的悼词完整地再现了她短暂的一生。

姚皙明同志是江苏省无锡县人,1942年毕业于上海交通大学电机系,1942年至1945年在昆明西南联合大学任教,1945年至1949年为美国麻省理工学院研究生。全国解放后,姚皙明同志怀着对祖国的无

---

① 《曹建猷院士纪念文集》编委会:《筚路蓝缕 桃李春风——曹建猷院士纪念文集》。成都:西南交通大学出版社,2009年,第89—95页。

比热爱，冲破重重阻力和困难，于1951年回到祖国来我校任教。姚晢明同志是院务委员会委员，九三学社唐山铁道学院支设副主任委员、唐山市政协委员、河北省妇女联合会委员。曾出席唐山市文教卫生群英大会。1964年11月当选为第三届全国人民代表大会代表。1966年6月19日，在林彪、"四人帮"反革命修正主义路线的干扰破坏下不幸去世，终年46岁。

姚晢明同志热爱党，热爱社会主义，忠于党的教育事业，对工作勤勤恳恳，认真负责。她作风正派，平易近人，团结同志。她对教学一丝不苟，对学生要求严格，教学效果良好，深受教师和同学的欢迎。她为传播外国先进科学技术，翻译了许多科技文献和教材。1958年，她担任我国韶山1型电力机车设计电机组组长，参加中国铁路考察团赴苏联进行考察，亲自领导了我国第一台国产电力机车牵引电机及辅助机组的设计工作。在理论研究方面，为我国铁路电气化事业，特别是牵引电机的设计、制造和研究作出了贡献。我们要学习她忠诚党的教育事业，热心教育工作的思想；学习她勤奋学习，肯于钻研，对教学一丝不苟的严谨精神；学习她认真负责，勤勤恳恳的工作态度。①

图 7-2　1965 年暑期曹建猷与爱人姚晢明在唐山铁道学院的合影

1969年，大儿子曹东白与张炜结婚。1970年，女儿曹立白毕业，被分配到太原。1968年，曹康白在迁安军屯大队下乡插队。那时曹建猷手头所

---

① 西南交通大学学报（第二版），1979年1月13日。存于西南交通大学档案馆。

剩无几，存款被冻结，幸亏有四百元国库券，早已到期，拿去兑了，才得以有些钱零用。那两年他常自制"发糕"，三分之一白面，三分之二玉米粉，加一点糖，就是三顿饭了。曹建猷和岳母每人每月半斤油，也大部分留下，让曹康白回家时享用，平日不吃。

1968年曹建猷到机器厂劳动。为铸工车间造感应电炉，电容器是在废品收购站收来的一些废品，他设计了一个660伏方案。将三台车相变副边串连，便是电源，获得通过。有一天在车间，听说要增加炉高，提高容量。曹建猷对贺威俊说："我知道我不应该提意见，但是对电炉我了解，不说又不好，我认为不能增加炉高。"结果，让大家讨论一下，曹建猷看见有人写了满地公式，便指出，用能量概念分析就可以知道，增加炉高，化不了铁。

还有一次关于试车合闸无电的问题，那天去了不少人，合闸，无电，分头检查线路。曹建猷推断接线处有问题，去检查保险盒，发现没接保险。安上再合闸，一合便跳，又查开关，没发现问题。曹建猷仍断定是开关本身的问题（保持线圈不通），便过去伸指往里探。果然，螺帽松脱，且无垫圈。将垫圈补上，螺帽拧好，再合闸，电来了。电炉发出的嗡嗡声让车间一时活跃起来，大家高喊：到底是学术权威。不久，高压边开关忽然掉落，保险烧了。曹建猷指出保险丝至少要25安培的。换好再来，炉温上升，部分铁块开始熔化，却到此为止，不再升温了。曹建猷建议换线圈，换成76匝。刘师傅说："先换到80匝吧。"于是他戴上石棉手套，小心地将接线换好，再接通，好了。一炉铁块，渐渐变成钢水，逐渐上升。大家刚舒了一口气，不料，面上有几个铁块浸入钢水中，露在外面的部分不再化了。刘师傅想换成76匝，曹建猷看了看说，"不行了，炉温过高，太危险"，又问："有没有钢板，1厘米厚的，把炉口盖上。"刘师傅去找回一块，盖上。这时黄师傅过来，坐在曹建猷身旁，问："是不是电磁原理？"曹建猷解释说，不是，就像烧开水，加个盖，可以保温，不让热汽跑了，可以提高温度。几分钟后开盖探视，钢已全部化解，炉面一片赤白，十分耀眼，大家开心极了。

曹建猷在唐山先是学习，后是抄家，监督劳动，直到1970年1月7

日才回归正常。对于这段时光,他在日记中写道:"做了三次检查。第一次不深入,第二次有怨气,第三次才通过。劳动我很认真。认为自己的确"四肢不勤",应该锻炼了。想开了,心情反而平静、开朗了。所以拉砖,我争着干;修房,我也上屋顶;扛洋灰,从摇摇晃晃练成扛着就走了。"①

笔 耕 不 辍

1971年年底,全院师生迁到四川峨眉。1972年3月,唐山铁道学院改名为西南交通大学。峨眉是一个美丽的地方,景色如画。曹建猷住峨眉的零号楼,被称为"1号",零号楼的台阶是那些年他们几个"重点人物"修建的,至今仍然完好,护坡的石头也是他们从峨眉河一车车运来。每天上下台阶时,曹建猷还颇有一丝自豪。1972年,曹建猷的岳母去世,享年八十岁。不久,曹立白来到峨眉。

1972年,铁道电气化(原电力铁道供电)专业开始招收工农兵学员大学生。机车、供电各20人。曹建猷去西昌出差回来被告知,大组选举他作为老教授代表,全票通过。1974年,72级学员去陕西大安现场教学,那里正安装变电所,场地有限。学员分两班,每隔一日轮流去现场。曹建猷便见缝插针,为他们补课,并自编自刻自印教材《电力铁道一次供电系统》,常常秉烛至深夜。他还抽时间给学员们补英语。

图7-3 1973年曹建猷在西南交通大学的工作照

---

① 曹建猷:《七十七年自述》,未刊稿。资料存于采集工程数据库。

后来，由于响应国家提出的"教育要联系生产实际，教育要与生产劳动相结合"的号召，铁道电气化专业组织了教育实践队，开赴电气化铁路施工现场。当时，从阳平关到安康的阳安线正在进行电气化施工，地处山区，条件非常艰苦。曹建猷一行住在阳安线的达安镇。这是一个山沟，面临的问题很多：第一，经过"文化大革命"，全部教学资料损失殆尽；第二，当时学校刚搬迁到峨眉山区，条件不好，教师有后顾之忧；第三，教师还没有改变被改造的地位，提倡和学生同甘共苦，对教师没有任何照顾。所以，只给每位老师配备一个"马扎"、一块床板和一个铝制饭盒。除此之外，学校派了一名炊事员给大家做饭吃。曹教授也和大家一样同吃同住，所不同的是，他是老教师，要承担更多撰写教材的任务。他坐着"马扎"，伏在床板上，写完了《电力铁道供电系统》《牵引变电所短路计算》和《牵引变电所电气设备》三本讲义。当时的印刷条件很差，曹建猷就自己刻钢板，印刷任务由学生帮助完成。在炎热的夏天，山沟里更是闷热无比，他有时只穿一件背心，甚至光着膀子，还是汗流浃背。即使在这样的条件下，曹建猷依然认真地写讲义。他对工作之认真，对教学之负责，对学生之热情，无不令人感动！

大安实习完毕，工程队队长、书记来送行，对曹建猷说："见到曹教授，我们才发现您一点架子也没有。那年我们在宝凤段，早闻教授大名。一天传说'曹教授来秦岭了'，大家一窝蜂地出去看，找遍也没见到，我们好想见见曹教授啊，没想到等了多年，在这里见到了。"那时，有一个小插曲，72级学员举行毕业典礼，宣布主席台名单时没有曹建猷。72级学员提出要曹教授上主席台！曹建猷正推让中，72级起立，74级也跟着起立鼓掌，直到曹建猷上台坐好，掌声才停止。

与此同时，宝（鸡）成（都）电气化铁路刚开通不久，事故较频繁，因此，还要经常帮助现场分析事故原因，查找事故隐患，因为大多是毕业不久的年轻教师，缺乏现场经验。所以，这方面的任务多数是曹建猷及几位老教师去做。

1972年，曹建猷跟随学员去汉阴实习，这样可以结合现场经验写即将开设的课程"牵引变电所电气设备"。汉阴生活艰苦，那里全是土屋，路面都没有，商业接近于零。

1974年，电气化铁路专业应电气化工程局的邀请，在阳平关办起了"七·二一"工人大学的班级。学员是电气化工程局从施工现场挑选的有一定文化基础、技术业务熟练的年轻技术工人。当时，主要给学员讲专业技术理论。当然也要因材施教，根据缺什么补什么的原则，也给他们补一些必要的数学、物理和力学方面的基础知识。

曹建猷不仅是"七·二一"工人大学的主要教师，还是教师们在阳平关的常驻代表。因为当时峨眉校区的生活条件非常不好，不少老师要照顾家庭及孩子。这时，曹教授已是单身，他非常体谅有家室教师的困难，所以他自然就成了在阳平关的常驻代表。他不仅负责处理教学方面的事宜，还负责组织大家的文体活动，如打篮球、排球、玩桥牌等，还组织教师和学生比赛。玩桥牌，曹建猷是行家，他还编写了桥牌讲义，在他的领导下，寂静的山村生活变得热闹非凡。

虽然是工人学员，曹建猷对他们的教学要求仍然十分严格。作业未完的，他便坐着等，直到他们做完。课毕返回，所有学员都来车站送行。1976年唐山大地震时，阳平关学员都非常关心曹建猷安危。

曹建猷的心血没有白费，这些毕业生后来大多成了工程单位的技术骨干，很多人成了队长、处长，技术员、工程师、技术主管等，还有的升任电气化工程局的副总工程师。阳平关的工人大学前后办了三期，在当时技术人员极度缺乏的情况下，对于加快电气化铁路的建设具有重要意义，为电气化铁路的发展作出了重大贡献[1]。

在各种现场实践中，曹建猷不断解决问题的同时，也将形成的最新的研究成果编入最新的教材中。

关于山区铁路供电计算问题，曹建猷在理论上对交流牵引供电系统的设计计算方法进行了系统的研究。牵引网是向电力机车供应电力的网络，由于机车是移动的，在起动、惰行、制动、上坡、下坡等情况下，电力机车从牵引网上取用的电流大小都不同，而且铁路上同时有多少电力机车，

---

[1]《曹建猷院士纪念文集》编委会：《筚路蓝缕　桃李春风——曹建猷院士纪念文集》。成都：西南交通大学出版社，2009年，第119-121页。

它们如何分布，如何运行，具有随机性。因此，如何计算牵引网的电流、电压、能耗以及设计供电系统是一个很复杂的问题。曹建猷采用概率论和随机过程做工具，结合我国实际，提出了一套有自己特色的计算和设计方法。在《高等学校自然科学学报》及《铁道电气化专业会议报告集》上先后发表了《交流牵引网电计算的普遍公式》及《牵引网电计算的严格公式》等论文①。他为接触网参数、容许电流、地中返回电流的计算整理和建立的一整套算法，在设计部门中被广泛应用。在《电力铁道供电》②和《电力铁道供电系统》③的教科书中均有论述。

1975 年年初，曹建猷在天津铁道部第三设计院调研，解决设计部分的问题，对由于电牵引而在电力系统中产生的负序进行了广泛分析，提出了一个简易的检验负序允许值的方法，在设计部门被广泛应用。此问题在他编写的教材《电力铁道供电系统》中有充分的论述④。

关于 V 接线牵引变电所的问题，曹建猷提出了不继续采用 V 接线的建议，还简化了牵引网短路计算，并协助设计部门解决了单相变压器碰壳电流的理论和计算问题。这些论述在教材《牵引变电所电气设备》中均可找到⑤。

曹建猷阐述了牵引变电所劈相机的起动特征，提出了两步起动方法和有关数据，在教材《电机学》一书中有充分论述⑥。

此外，曹建猷还在《牵引变电所电气设备》等著述中分析了牵引变电所 10 千伏配电装置中互感器的三次谐波电容电流，提出了消除异常现象的相应措施等。

---

① 曹建猷：交流牵引网电计算的普遍公式。《高等学校自然科学学报》，1964 年第 1 期，第 30—39 页。
② 曹建猷：《电力铁道供电》。1975 年，未刊稿。资料存于采集工程数据库。
③ 曹建猷：《电力铁道供电系统》。1975 年，未刊稿。资料存于采集工程数据库。
④ 同③。
⑤ 曹建猷：《牵引变电所电气设备》。1975 年，未刊稿。资料存于采集工程数据库。
⑥ 曹建猷：《电机学》。1976 年，未刊稿。资料存于采集工程数据库。

第八章 再续征程

二办计算机

1978年3月，全国科学大会召开，昭示着科学春天的到来。改革开放的春风同样吹进地处峨眉山脚的西南交通大学，革命委员会被取消，恢复了校党委，并实行党委领导下的校长负责制。1978年8月12日，经中央批准，铁道部调整西南交通大学领导班子，61岁的曹建猷被任命为副校长，主管科学研究。①

曹建猷得知四川省教育局要学校办计算机专业，当即表示：应当办的。那时候，顾稀已经在上海铁道学院精选一批人办了起来。于是曹建猷带领杨斗、潘启敬和朱怀芳到成都、西安、天津、北京做调查，调查结果不太满意。曹建猷到教育局说："我们要办计算机专业，今年就招生。"对方说北方已准备了七八年，你们是否先准备师资？曹建猷说："我没这习惯，当年办电气化，只一张教学计划。何况，我们计算机已办过一届。"教育局只好同意。

---

① 干部履历表（副校长1），1979年1月1日。存于西南交通大学档案馆。

对于这段四处学习调研的过程，潘启敬有生动的描述[①]：

"文化大革命"以后他又提出来要办计算专业，这个时候学校也同意了，学校看计算机发展不仅是计算机专业本身，对全校任何学科都影响，后来就又办这个专业。曹教授非常积极，他带头办这个专业，他带着我、朱怀芳、杨斗我们四个人到全国有计算专业的学校去调研。当时曹教授年岁比较大了，已经是60多岁了吧，到一些学校人家办计算的人，副系主任、系主任或者是搞计算机专业的人，有的人比他都还年轻，他虚心向别人请教一点架子都没有。跟我们一块走了好几个学校，北京好几个大学，天津大学、南开大学，成都电讯工程学院（现电子科技大学）早办我们一步，我们也到那去过。那个系主任叫张志浩，当时还不是教授，是个副教授，但是年岁比较大，曹教授也虚心向他们请教。还走过好几个地方，反正好几个学校我们都去过，他年岁已经大了还不辞劳苦跟我们一块儿做调研。回来以后就自己办了这个专业。

图 8-1　1981 年曹建猷在峨眉计算机房的工作照

---

① 潘启敬访谈，2017 年 9 月 7 日，成都。资料存于采集工程数据库。

调研回到学校，曹建猷做了三条决定：①软硬并举，以软为主；②不着急；③五月起开讲座，涉及计算机方方面面，让老师们先有个了解。曹建猷说干就干，他收集了 10 本书，编写讲座教材，从二进制写到软件工具，命名为"开门课"，意思是"一门打开，有志者进来"。曹建猷夜以继日编写完成《电子计算技术讲座》（上、下册）教材，自刻蜡纸付印，为全校教职工普及计算机知识。第一部分是硬件，由潘启敬讲；第二部分是软件，由曹建猷讲。听课的有上百人，在电机馆阶梯教室。每周两个下午，每次 3 小时。从 5 月开讲，10 个星期讲完。在编写的教材中，曹建猷热情洋溢地写了一篇前言：

这是一本讲义，开门用的，大家可以了解现代计算机技术主要都有哪些内容。上册共十讲，从数字信息，直到讲完计算机设计，涉及的是计算机硬件。最后一讲指令代码，可作为上册和下册的桥梁。下册十讲，讲计算机软件和程序编制。

硬件可分为几个等级。电路如半导体电路和集成片。电路符号如门和触发器，电路块如矩阵和多层逻辑，以至功能框图和系统图，都是硬件。要从原始电路起步，才能真正了解框图。讲义的内容也是这么安排的。

计算机逻辑分支、响应和测试技术都讲了一点，而且分立元件还相当细，因为正是它，说明计算机如何"思考"。

学习重在循序渐进。如果以为一开头看来简易而认真对待，就不会到后来觉得漫无边际望而生畏。[①]

对于曹建猷二办计算机专业的热情，诸昌铃教授回忆道：

他在这个（办计算机专业）之前，先是办了一个教师的计算机讲座，对全校教师普及计算机知识。听课的人积极得很。讲课的时候只

---

① 曹建猷：电子技术计算讲座，1978 年 3 月。手稿存于采集工程数据库。

有他讲，讲下来要提问就找我……那时候已经改革开放了，在峨眉的新华书店已经可以订外文书了，就定了几本外文书，他就看，看完了自己刻讲义，刻完了之后就讲，从硬件讲到软件。……他也没专门学过，就看订的几本外文书，看了之后他就讲……那时候还没招生，他就跑铁道部，铁道部成立了计算中心，搞培训，就到西南交通大学来培训。那个时候，曹教授就是一心想干，1961年、1962年的时候他就说过，要把唐山铁道学院变成华北计算中心。所以他对计算机就是念念不忘，就一直想冲。[①]

1978年9月，曹建猷倡议并主持在西南交通大学设立电子计算机技术专业。当年被列为本科招生专业，次年招收研究生。至此，电机工程系下设电力机车、铁道供电、机车电机、机车电传动、自动控制、电子计算机技术6个专业。

与此同时，曹建猷布局师资队伍。开始是从各个专业公开招聘，结果只招了三四个人。因为一方面，那个时候大家搞不清楚计算机到底是怎么回事；另一方面，很多老师都40岁了，觉得改专业挑战太大。接下来曹建猷把当时的自动控制（电传动）教研室合并到计算技术教研室，人员一下子扩充到三四十人。自动控制专业和计算技术专业的任课教师由教研室统一安排，其实是曹建猷直接安排。他逐个找作为计算技术的任课教师谈话，一方面布置任务，另一方面也听取意见，帮助解决实际问题。就这样，完成了师资队伍的组建。

1978年秋季，计算技术专业正式招生。虽然有了学生，但是老师们只是经过了两个多月的短期培训，心里还是没底。为了尽快让大家进入角色，曹建猷出面，到铁道部直属电子计算所联系到全国铁路PDP11计算机培训班的任务，让教师们立即进入状态。此外，曹建猷还组织了铁道部PDP11英文资料的翻译，这样不仅可以熟悉专业知识，还可以学习外语。就这样，在短短一两年的时间，一支初具规模的计算技术师资队伍出现在

---

① 诸昌钤访谈，2017年9月7日，成都。资料存于采集工程数据库。

图8-2 1984年美国麻省理工学院李凡教授与西南交通大学部分教师的合影（左四为曹建猷）

西南交通大学。

有了队伍，还要有设备。当时学校已经通过铁道部定购了凯里830厂生产的仿PDP11的183计算机，但是该机可靠性较差，外存磁鼓只有2M，而且老是出现问题，基本不能用。另外，输入设备落后，只有纸带机，每次上机纸带经常出错，使用极为不便。更重要的是，183机器的软件极差，只有引导程序、简单的监控程序和一个BASIC语言，基本上不能用。因此只能上汇编。20世纪80年代初，曹建猷趁访美的机会，通过麻省理工学院的李凡教授采购了PDP11-03微机，还借助同窗王安的关系，以半价采购了王安计算机。这些机器在当时都是世界一流的微机，使西南交通大学计算机实验室的实验条件大为改观[①]。

曹建猷在实践方面的投入是令人敬佩的。PDP11-03计算机运到学校后，由于机器的资料全部是英文，许多青年老师阅读起来十分困难，很难全面、迅速掌握。曹建猷就亲自操作，一边翻阅手册，一边编程，加上他的英文打字功底十分深厚，不久就掌握了操作系统和FORTRAN等高级

---

① 《曹建猷院士纪念文集》编委会：《筚路蓝缕　桃李春风——曹建猷院士纪念文集》。成都：西南交通大学出版社，2009年，第104-111页。

第八章　再续征程

语言。可以说，微机软件实验完全是曹建猷一手开创的。那时，他已经是副校长，但他几乎每天都要到计算机实验室来上机。有时学校来电话找他开会，如果不是很重要的事，他都会请假，坚持完成他的程序。记得在校庆85周年的庆祝活动中，还演示了曹建猷编写的游戏程序，引起海内外学长们的广泛兴趣。曹建猷对学生上机的要求也是十分严格的，英文打字能力训练实习就是在他的倡导下开设的。

图8-3 1984年曹建猷与美国麻省理工学院李凡教授的合影

接下来，就是安排任务，负责授课的老师经常自嘲，上课前比学生知道的多一点，上完课就和学生知道的一样多了。据诸昌铃教授回忆：

> 我们是两个月（学习研究计算机时间），原来计算机到底什么都不知道。从那个凯里计算机（我国叫183计算机，凯里是我们国家定点的生产厂），铁道部定了的，要用那个机器，就把那个机器的图纸、大木头箱、四大箱图纸拿来，两个月时间，把这些图纸看懂。大家分头看。那时都是分立元件，哪像现在，都是集成电路的，现在说起来那都不算计算机了，内存都是64K，外存最大的两兆。那时大家就是

白天黑夜地研究这个。①

如何理解最新的计算机概念，并用恰当的方式表述出来，曹建猷常常与数学系郭可詹教授进行讨论甚至辩论，因此一本教材的编写实际上融合了他本人的思维和理论再创作。

当时离散数学在国内是一个新课，数学老师也不甚熟悉，而且纯数学的教学可能与计算技术专业结合得不够紧密，所以由专业教师上课。当时系里可以说是无他人可委以重任了，只有曹建猷亲自上阵。没有教材怎么办？还是和电子计算技术教材一样，他依然是一边编写一边刻写。

"身教甚于言教"，1979年9月，曹建猷以花甲之年亲自走上教学第一线，带头开新课，为研究生及本科生讲授算法分析与设计、离散数学、应用代数、结构化程序设计、编译原理等课程。有的课使用全英语讲授。其中，离散数学是计算机思维的体现，对所有的老师来说都是莫大的挑战。计算机技术里面很多符号和俗语，一般铅字排版做不到的，即使做到也容易出错，所以他是亲自编写和蜡版刻印编写，并亲自坐在印刷厂校对。

后来曹建猷在出版的《离散数学》前言中详述了他的思考过程和对该课程的理解：

图 8-4 《离散数学》封面

《离散数学》是根据给一年级研究生开设同名课程的讲稿编印出来的。只把次要又比较难的部分删掉，着笔力求简明易懂。作为大学本科初学者的教材，这是必要的。教材供每周3小时，一个学期使用。

第一章介绍逻辑推理的一些基本方法。它不属于离散数学的范畴，但是常常要用到它。

---

① 诸昌铃访谈，2017年9月7日，成都。资料存于采集工程数据库。

第二至第四章讲集合、关系与函数。这些是近世代数的基础。另外，阐述了数学归纳原理，它是论证题的一个重要工具。

第五章是图论，还重点介绍了树。

第六章是组合论，列举了几种常用的计数方法，特别是递推系统和它们的解。

第七章是代数，着重讨论了含幺半群、群、环和布尔代数。另外还有子代数与同态。

各章都加入了一些应用方面的内容，目的是为了加深概念。

离散数学这门学科是 20 世纪 70 年代初期才逐步形成的。目前有两种趋向：一种主要是普及基础；另一种强调代数，甚至定名代数系统。编者的观点接近于后者。因为：一、实际中需要；二、代数的讨论反过来加强了基础。离散数学的内容来自数学的各个分支，编者只是在课题的取舍上进行了斟酌。处理方法使尽可能适应计算机科学的需要。参考文献列在书后。

数学名词以及计算机术语，有的很不划一，有时只好兼收并蓄。有些名词系经与郭可詹教授商酌或自订，如永真、匀射、分片算法等。在文中，都附有另外的名称。[1]

师 资 培 育

在曹建猷的推动下，学校陆续派了一批教师出国学习，一些骨干教师都已不年轻。第一批送出去的潘启敬和靳藩都已是中年了。这些人出国以前曹建猷就都很关心他们的选择方向是否符合学校和国家的发展需要。出国以后曹建猷经常跟他们联系，鼓励他们好好学习，有时，他甚至亲自为这些老师寻找导师和写推荐信，为他们寻找海外留学的机会。这些人后来

---

[1] 曹建猷：离散数学（西南交通大学）。手稿存于采集工程数据库。

回国不久都带了研究生，成为学校学科发展的关键性力量。

由于"文化大革命"的影响，在送谁出去的问题上，往往是争议颇多。曹建猷在推荐靳蕃出国学习时，就一再受阻，反对者认为靳蕃有海外关系，不适合出国学习。对此，曹建猷一一问在座的三位干部，"他出去不会回来了吗？"对方都摇头说，"这倒不会。"曹建猷马上拍板，"那么，派！"现在靳蕃已经成了全国知名教授，在编码和神经网络方面颇有建树。靳蕃教授回忆道："当国家首次通过英语口试和笔试统一招考选派出国留学生的决定公布后，曹教授在电机系安排姚先启老师和我去应试。为了解决我们英语口语能力不强的问题，曹教授在家里组织我们与他英语对话，一字一句地纠正我们发音上的错误，并在他自己珍藏的英文打字机上教我们如何正确地写对外联系信。现在回想曹教授当年呕心沥血、满腔热忱地对中青年教师进行培养关怀的情景，对比现在已是老教师的我，在对其他中青年教师的关怀帮助方面，感到差之甚远，无比惭愧。"

在把优秀老师送到国外学习先进理论知识的同时，曹建猷也采取多种方式督促和培育年轻老师。

1980年被安排上微机课的诸昌铃回忆道："那时根本没有微机的中文教材，只有英文教材。我的英文是从1978年开始突击的，基础甚差。我只好到图书馆找来二十几本有Microcompter字样的书，一起抱到教授那里，请他给我选定一本。大约过了一个星期，我去教授家，他已经为我选好了。就是后来用了4届、John B. Peatman 1977年编写的 *Microcomputer-Based Design*。我一看是我抱去的书中第二厚的一本，有540页！教授见我面有难色，就说这本书的英文写得非常漂亮，中国人读起来也有点困难，但是把它啃下来，可以提高英文阅读能力。还说他认识Peatman，是一个有真才实学的专家，书的内容丰富，具体实用，有不少新东西，可能是你还不了解的，如果你从英文书中学会了一些新知识，英文也就长进了。经教授的一番开导，虽然觉得有道理，但是毕竟时间紧，英语水平差，心里踌躇不决。这时教授翻开这本书，从中取出夹在里面的几页纸说，我知道你英文差时间紧，所以把书中你可能遇到的生词都翻译好了，免得你再费工夫。我一看，密密麻麻地写了好几页。一个星期他不但把书看一遍，还要列出生字表。这是为了培养一个学生所付出的心血！我还有什么理由再畏难，再懒惰！"[1]

通过教学体系培育青年教师是曹建猷的一贯主张。他兴学创业，在办学上有一整套的办学指导思想。既不同于苏联填鸭式的教学模式，也不完全同于西方开放式的教学模式。他的办学指导思想概括起来包括四个方面：培养优秀的教师队伍；提倡启发式教学；重视技术基础理论课教育；抓好教学实践环节。

第一，培养优秀的教师队伍。曹建猷把培养青年教师放在教育工作的首位，无论是引进人才还是留校毕业生，他都要亲自过问，这是他一贯的指导思想。除此之外，在教师的配备及布局上也是非常尽心。谁该上什么课，谁该在哪一个岗位，全部由他确定。电机系早期的四大教授及四大讲师都有自己的明确岗位，并且各司其职，他们是办好专业及搞好教学的领军人物。在教授及讲师的指导下，又有层次不同的青年教师梯队，形成真正的宝塔式结构。

第二，提倡启发式教学。曹建猷提倡模型、教具进课堂，允许学生在课堂上发问，鼓励教师因材施教，发挥教师在教学上的主导作用。学生必须完成作业，教师必须批改全部作业。为了提高学生独立思考的能力，电力铁道供电专业的学生必须完成三个课程设计（又称大作业）：电力牵引计算、牵引变电所短路计算与主电路布置、接触网的平面设计。这三个课程设计是学生和老师互动的，在老师的指导下完成，以提高学生的计算能力、分析问题及解决问题的能力。毕业设计和毕业答辩是工科院校教学的重要环节。毕业设计是综合培养和训练学生的工程理念，是基础知识及专业知识综合融通的过程，是工程师的前期训练，历时12周。毕业答辩是一个学生最后学习成果的总测验，所得成绩将进入学生档案。曹建猷对这两个教学环节十分重视，他每年都亲自指导毕业设计并亲自参加毕业答辩。

第三，重视技术基础理论课教育。这是曹建猷一贯坚持的教学指导原则，他在各种会议及场合，都多次强调要加强基础课及技术基础课的教

---

[1]《曹建猷院士纪念文集》编委会：《筚路蓝缕　桃李春风——曹建猷院士纪念文集》。成都：西南交通大学出版社，2009年，第110页。

学，要给学生打下坚实的理论基础，强化技术基础课的实验，培养学生的动手能力。在教学安排上，他亲自安排任课教师，如教电工基础课的赵玖老师、电机学课的白家棣老师、电子技术课的周志成老师。另外，还有教高电压工程课的李警路老师，这些年轻老师当时都只有30岁左右，但他们对教学要求极其严格，教学效果好，是深受学生欢迎的年轻老师。

第四，抓好教学实践环节。在五年制教学计划中，共安排四次实习，即：一年级参加实验室及实习工厂劳动；二年级专业认识实习；三年级专业生产实习；五年级毕业实习。除此之外，曹建猷还特别强调实验室建设，对于专业课，能开实验的课程一律都开实验，以强化学生的动手能力。他要求任课教师到实验室检查和指导学生实验。对于电工基础及电机学实验室更为重视，是历年投入最多、建设最好，同时也是复用率最高的实验室。为适应实验室建设的需要，他还培养了一大批优秀的实验员，如秦世荣、韦吉耀、王喜田、张金泉、蒋国昌等。这些人都具有勤奋好学、忠于职守、踏实肯干的精神，他们不仅要管好实验室，还都具备指导实验的能力。为了做好实验设备建设及预防性维护，曹建猷还专门从上海高薪聘请了奚惠祥、刘惠如、张宝顺等一批高级电工技师。

为了使电机系两个专业的教学计划有效落实，潘启敬、任朗分别任电力铁道供电专业教研室和电力机车专业教研室的副主任，负责处理、督导专业教学及日常事务。此外，系办公室只设一位办事员，负责处理全部教务及全系的日常事务工作[①]。

曹建猷把教学质量作为办好学校的重中之重。每每有教师开设新课，他必会亲自检查，遇有瑕疵，帮其改进，直至满意为止。对青年教师，他要求甚严，常以老西南交通大学严谨治学事例教导大家。

曹建猷非常重视教学与科研的关系，他常说，教学是基础，科研为保障，二者不分家，并长期奋战于教学科研工作第一线，以言行为楷模，告诫大家不可厚此薄彼。正是他的深谋远虑，该专业学术梯队合理，人才辈出，后劲十足，产学研协调发展，历来为西南交通大学乃至国家的

---

① 《曹建猷院士纪念文集》编委会：《筚路蓝缕　桃李春风——曹建猷院士纪念文集》。成都：西南交通大学出版社，2009年，第112-115页。

"拳头学科"。

关于"文化大革命"后对青年教师的布局和培育,曹建猷是颇有几分自得的:

> 好在不久,部令下来,任命我为副校长。鉴于系里情况,应我的愿望,兼电机系主任。我接任后按原计划做了人员调配,靳藩、潘启敬去计算机,李警路调到电工基础,李光祖调到电子学,姚先启与连级三交换,去计算机,原去电工基础的蔡淮改调计算机。另外,再加上朱怀芳、诸昌铃和我。李光祖和姚先启说,除了机车干什么都愿意。只蔡淮有异议:曹教授为什么抓住我不放?他后来才知道,照我的,走对了。同年,姚先启、靳藩出国进修两年。翌年,我们又招收了7名研究生。1983年招收了第一批博士生,两名。铁道部评重点学科,我们得了82分,名列第9位,成为部重点。[①]

图 8-5　20 世纪 80 年代初曹建猷和西南交通大学校长刘圣化的合影

---

① 曹建猷:《七十七年自述》,未刊稿。资料存于采集工程数据库。

"文化大革命"后的新气象吹进了峨眉山脚下的西南交通大学,在曹建猷的带领下,学校的中青年教师兴起了科学研究的新风向,对此,沈志云院士感慨颇深:

> 在不到半年的时间,断裂力学研究室、机车车辆研究所、应用力学研究所、运输研究所等侧重科学研究的机构纷纷建立起来,连理论力学教研室也建设起振动实验室,结束了理论力学研究没有实验室的历史……1978年和1979年还有许多"第一次"出现在峨眉山沟。诸如:第一次增设电子计算机专业,购进DJS-108计算机,建立面向全校的计算站;第一次恢复研究生招生,设研究生部;第一次实行学分制,开设大量选修课;第一次恢复教师职称评审;第一次建立校系两级学术委员会,推进教授治学;第一次组织教师学习英语,提倡教师用英语讲课,曹建猷、刘钟华等老教授带头示范,我后来也用英语给工程力学班的同学讲了系统动力学新课。这些"第一次"现在看来司空见惯,可在那时却像一缕阳光,把学校的学术环境变得春光明媚、激人奋进。

图8-6　20世纪80年代初曹建猷在西南交通大学当副校长时的工作照

人才培养

曹建猷十分重视高素质人才的科研能力,他认为这样才能更加激发创新能力的发展。"文化大革命"以前,根据教育部的规定,凡聘有苏联专家或师资条件较好的高等学校，均有担负培养研究生的任务，其目的是培养高校师资和科学研究人才。

1956年夏，电气运输专业招收7名电气化铁道供电专业研究生，曹建猷与苏联专家库金共同培养，其中曹建猷负责2人，分别是周西德和林懿珍。库金原定在中国服务两年，但他当时是列宁格勒铁道学院电力铁道供电专业在读博士，要回去进行博士论文答辩，所以只待了一年，而当时招收的是两年制研究生。库金走后这7名研究生主要由曹建猷负责培养。曹建猷及苏联专家培养的研究生为铁路建设和高校的教学作出了重要贡献，开启了唐山铁道学院电气系中国教师培养研究生的历史[①]。

"文化大革命"打乱了学校培养研究生的进程，直到1979年9月，电机系才招收首批"计算机科学与工程"专业硕士研究生，共7名，曹建猷带了其中4名，分别是石理、李津发、陈新华、刘晰明[②]。

曹建猷不仅是我国卓有声望的牵引供电理论专家、西南交通大学新学科的积极开拓人，还是西南交通大学首批具有博士学位授予权的导师。

图8-7　1988年曹建猷（右一）作为导师参加博士生肖建的论文答辩现场

---

① 曹建猷主持我院在1962年开始进行招收研究生工作，1962年5月19日。存于西南交通大学档案馆。

② 曹建猷等一行人赴京参加部研究授予硕士博士学位专业的专家会议，1981年5月8日。存于西南交通大学档案馆。

曹建猷带研究生以严格闻名。① 研究生李庆伟指导上机，时间表安排好送来，曹建猷看每人每周只上 4 小时，说这一学期下来还不到 100 小时，要重排。李庆伟认为都排满了，机房几个人商量，已排不下了。曹建猷说："晚上为什么不排，晚上 7—11 点就是 4 小时，下午也可以从 1 点开始，你们为什么只考虑自己方便，应首先考虑教学的需要。"

与此同时，研究生们为了达到规定的要求，必须认真做作业，推敲所编程序，以便在规定的上机时间里通过。随着教学的深入，要完成的程序难度加大。辅导教师杜申华将打印出的长长的程序铺在地板上检查，往往连放在地板上的饭也忘了吃。所有的研究生和助教在这样的氛围下都抓紧学习、努力工作。当一些研究生完不成任务时，他们会在晚上自动请求延长上机时间。在电机馆，计算机机房通常是最晚关灯的。

硕士研究生迅速成为师资的新生力量，论文答辩结束，还未毕业，曹建猷带领的研究生就开始直接授课或成为助教：陈新华上编译方法，杜申华给 1979 级本科生上离散数学，第一年便受到学生的欢迎。石理辅导由长沙铁道学院借调来的胡湘陵的数据结构课。胡湘陵觉得，石理才学两年

图 8-8 曹建猷（右三）参加博士生肖建的论文答辩后全体人员的合影

---

① 张雪访谈，2019 年 10 月 2 日，成都。资料存于采集工程数据库。

便对计算机掌握到如此程度，实在令人惊讶。

1978年10月11日，在学校召开的1978级研究生座谈会上，曹建猷向大家介绍国内外研究生培养情况，并就如何学习提出意见。① 他觉得研究生一定要学好基础课，并做了两个比喻：一是人好比树木，根深才能叶茂，才能成材，才能搭高楼、建大桥；二是长征，若只带干粮，不带猎枪、工具是走不到长征的终点的。所以基础课要学好。而数学、语文不用说了，外语也十分重要。他奉劝大家不要走近路，基础外语没有学好，不要急于看专业书。怎样学好呢？要以自学为主，没有在头脑里扎根是学不好的。他奉劝青年学生，"你们还很年轻，今后若干年不可能工作性质一成不变，所以基础要广些，特别是数学、物理基础。"② 强调基础扎实，是曹建猷的一贯要求③，1986年成为曹建猷博士生的肖建回忆道：

> 曹教授跟我说"博士要博，只有博你才能作出创造性成果"。这一点我深有体会。我记得第一个学期选课，他让我选非线性泛函，这门课是所有课里最难的，我就说："线性泛函我还勉强能够对付，这个课太难了，就别选了吧。"他就很严肃地对我说："博士就是要博，这个时候要打好基础才会对你今后的科研有利。"我当时是硬着头皮选的，花了很多时间才把那门课过关了。不过现在回想起来，我也就是博士这一段时间对自己的科研打下了非常好的基础。④

曹建猷是分管科研和研究生培养的副校长，基于多年的研究生培养和管理，他对研究生的课程设置问题，有自己独到的见解。

首先，按一个专业或者一个方向来组织课程，不如由一个系来组织课程好。由系来组织教师和教研室开课，像大学本科课程那样，一个方向，核心的课程并不多，大量的是共同课，组织起来力量大。对共同课的要

---

① 对《高等学校培养研究生工作暂时条例（草案）》等五个文件的几点意见，1978年12月7日。存于西南交通大学档案馆。
② 西南交通大学学报（第三版），1978年10月25日。存于西南交通大学档案馆。
③ 曹建猷所在的电机系教学科学研究报告会胜利结束，新唐院，1959年6月26日。存于西南交通大学档案馆。
④ 肖建访谈，2017年9月29日，成都。资料存于采集工程数据库。

求,各个专业、各个方向,要求同存异。基础宁可宽些、厚些,知识面宁可广些,不像开中药,多了一钱不行,少了一钱也不行,数学是这样,专业基础理论也是这样。不要把共同性质的课程只限于一个专业方向的需要。

其次,关于课程计划,应当脚踏实地,把课程计划很好地同大学课程衔接起来,使基础扎根越深越好。例如计算机语言课,大家都学过了,但是训练不足,学生上机还不能得心应手。所以研究生还得学,而且要把它学好。各个专业,一定还有在大学基础上需要进一步加强的课程。曹建猷举例说:"去年电机系为了开辟硬件方向,设置了一门数字电路课,请一位副教授来开。研究生原来都已学过这门课,所以教学内容是根据原有基础来制定的。学生学习后感觉深入多了,动手能力也加强了,普遍反映收获大。研究生本身的专业基础课,以至专业课也是这样,要讲效果,就像盖房子,还是基础扎实些好。"

图 8-9 1992 年曹建猷(右二)参加计算机专业第一个博士生马永强的博士论文答辩

在一篇题为《组织起来,把我们的研究生工作提到一个新的水平》的文章中,关于研究生培养,曹建猷也提了三点意见:

第一点是个人指导,同时也要发挥集体的智慧,论文指导主要依靠指导教师,这是不容置疑的。但是,最好同时也运用一些集体的智慧。因为一个重要的环节是论文的选题。研究生时间有限，题目不能大，也不能过小，还要能发挥研究生的主动性，使他们可能有所创新，有所创造。设备，还要能跟得上，在这个问题上如果经验不足，最好是多商量，因为论文等到快要答辩时发现有问题就不好办了。供电教研室组成一个三人指导组，效果就很好，孔子说："三人行必有我师焉。"这句话，昨天《人民日报》上匡亚明同志还有一篇文章，说它是"有益的箴言"。班子可以教研室为单位，找几个人，也可以跨教研室。

第二点是如何逐步扩大指导教师队伍的问题。中心的意见是指导教师队伍一定要继续扩大。当然，许多同志缺乏经验，怎么办？指导研究生当然需要一定的基础和经验，否则是不好办的。我以为，如果有一定的基础，可以先组织参加指导班子来取得经验，不一定要仓促上马，条件具备了再挂牌招生。对这个问题，一方面要积极，另一方面要慎重，各系应当认真筹划，把有一定基础的教师分批组织到各个指导班子里来，使我们的指导力量逐步成长，队伍逐年扩大。我们规划几年内在校研究生要达到300人，指导教师队伍不扩大哪能行！目前一时招生名额有限，可以采取有经验的指导教师让些名额出来，让新的指导教师上马，使他们迅速取得经验。

第三点是关于导师和研究生关系问题。作为导师，只能给研究生指点方向，包括选课和论文指导，主要要靠研究生自己努力。抱着走，等于拔苗助长，一定不会培养出真正的人才。在这个问题上我们一定要严格，绝不要把研究生的成败与教研室或者导师的荣誉等同起来。研究生的成败不一定总是与导师有关，好的，不一定都是导师的功劳，不好的，也不能就归咎于导师。爱因斯坦的导师并没有爱因斯坦出名，爱因斯坦自己也没有带出很多有名的研究生，研究生的成就，主要还靠他们自己。

中心的意见是绝不要抱着走。抱出来的研究生不大可能成才的，希望研究生成才，这正是我们的出发点，否则，将与我们的愿望相反，出去了不成才，倒可能声誉不好。[1]

---

[1] 曹建猷：组织起来，把我们的研究生工作提到一个新的水平。《西南交通大学学报》，1982年10月9日。

图 8-10　1992 年曹建猷（右三）参加马永强的博士论文答辩后与相关人员的合影

再 次 访 美

1980 年，曹建猷和郭可詹、路湛沁到美国参加交通大学美洲校友联谊会。上海交通大学、西安交通大学、北方交通大学也派人去了，还有中国台湾的新竹交通大学[①]。

临行前，曹建猷一行计划，参加校友会，除介绍母校、交流情况、增进友谊外，还准备参观一些学校，了解它们这些年来的发展。另外，

图 8-11　1980 年曹建猷（左一）与路湛沁、郭可詹参加交通大学美洲校友会时的照片

---

① 档案，初次出国人员审查表，1980 年 1 月 1 日。存于西南交通大学档案馆。

第八章　再续征程

图8-12 1980年曹建猷（右）参加交通大学美洲校友会时与副校长路湛沁的合影

图8-13 1980年在交通大学美洲校友会期间，曹建猷（右一）与王安、董道仪的合影

买些计算机回来。

校友会上曹建猷作了发言，他带去的150本小册子也被一抢而光。会后，曹建猷去了麻省理工学院，见了一些老朋友。这次访美最大的收获就是购买了两台03和两台LVP各四个终端，以及T159等。[1]

对于此次访美的经过和收获，曹建猷在新学年开学典礼上做了一个较为详尽的汇报：

今天，我向同学们、同志们报告一下最近我们到美国参加交通大学校友联谊会的情况。我能借此机会和新同学们见面，感到非常高兴。

这次由郭可詹教授、路湛沁教授和我组成的代表团今年8月去美国访问，在美国停留了3周。交通大学在美洲大约有700位校友，大部分在美国。加拿大有40~50位，还有一些在南美洲。

这次联谊会是在美国波士顿举行的。由于中美建交，上海交通大学、西安交通大学、西南交通大学、北方交通大学4个交通大学都派代表参加，所以很多校友都从各地赶来参加这次联谊会，想同祖国派

---

[1] 曹建猷副校长作访美报告，1980年9月28日。存于西南交通大学档案馆。

图 8-14　1980 年，曹建猷（第一排右二）代表西南交通大学参加交通大学美洲校友会的照片

来的使者见面，了解母校的近况和国内的情况。当我谈到现在在校学生有 3000 多人、研究生有 70 多人时，大家都很惊讶，因为中华人民共和国成立前在唐山只有 200 多名学生。

出席这次联谊会最老的校友是 1922 年上海毕业的，他也是唐山的校友。在各地，许多校友，包括上海毕业的都表示希望能到峨眉来，回母校看看。通过这次联谊会，增加了沟通、交往的渠道。[1]

---

[1]　西南交通大学学报，1980 年 9 月 28 日。存于西南交通大学档案馆。

第九章
运筹帷幄

远 动 技 术

早在 1956 年，为了更好地为宝凤段电气化铁路改造做好技术准备工作，曹建猷建议唐山铁道学院电机系与铁道科学研究院合作，联合成立电气化铁路研究组，进行我国电气化铁路的电流制与电压标准问题及电力机车定型问题的研究，为确定在我国采用工频、单相、交流 25 千伏的制式提供科学依据。曹建猷经常从唐山到北京给技术人员讲课，指导编制我国第一个电气化铁路电压标准。曹建猷在唐山铁道学院电机系配备了四五个人的力量，开展铁路电气化研究，这些在当时学校教师短缺、教学又抓得很紧的情况下还是很少见的[1]。

曹建猷所组织的这个科研团队还开展了电力机车、电气化铁路坡道分析，接触网方面一些问题的研究，以及牵引的模拟计算等。曹建猷主动向铁道部报项目，注重对后生的提携，给项目负责人潘启敬配备助手。曹建猷还鼓励年轻教师写学术论文，并帮助推荐到学术刊物上，这在当时是很

---

[1] 《曹建猷院士纪念文集》编委会：《筚路蓝缕 桃李春风——曹建猷院士纪念文集》。成都：西南交通大学出版社，2009 年。

有远见的。

1958年，唐山铁道学院的电气化自动化研究所已成为一个科研、生产紧密结合的实体，在曹建猷的直接支持和参与下，研究所在发展电气化铁路的远动技术方面是卓有成效的。

那时，宝凤段电气化铁路开通了，运营初期遇到很多难以克服的技术难题。宝凤段电气化改造完成后，虽然能正常运行，但是在变电所、分区亭的控制方面相当落后。因为电气化实现以后，它是通过一段距离一个一个变电所来实现供电机车运行。一开始机车经过各变电所的时候是靠人工调度，靠打电话人工完成操作。为了保证安全万无一失，一定要有两个人同时在场，一人操作，另一人监督，还要穿上防高压的操作服，因为这个高压是25000伏，带着工具到变电所外去操作。一个操作下来，基本上需要半个小时。

电气化本来是提高效率的，一天可以跑20列车，但这种操作耽误时间，效率降低了一半，并且还存在安全隐患。老教师们回忆说，那个时候跟现在不能比，不要说计算机，晶体管都没有，靠电子管，靠执行元件、继电器、接触器这些去实现都很困难，机器挺大，就是继电器这样的东西，如果有了遥控装置就是几秒钟的事情。

1956年，中国科学院的专家学者开始酝酿发展我国的自动化技术，成立了自动化学科组和自动化研究所，到1958年成立了全国性的自动化协会。曹建猷及时地把自动化技术运用到电气化铁路上。从1960年，曹建猷就开始思考运用远动技术实现电气化铁路的自动化，并列出研究课题，指导研究。①

电气化铁路远动系统，是由铁路区段的调度所对铁路沿线的变电所、分区亭和其他电气设备进行综合遥控、遥信及遥测的先进技术，对提高供电质量、保证安全供电有重大意义，是电气化铁路必然的发展方向。曹建猷非常重视这项研究，在当时围绕电气化铁路所进行的电机、机车的研究中，他对遥控这一块给予了很大的支持。在研究人员、设备及研究方向各

---

① 潘启敬访谈，2017年9月7日，成都。资料存于采集工程数据库。

个方面都给予了极大的支持和精心指导，他决心要做出成果，使这项研究工作在我国铁路电气化领域一直处于领先地位。[1]

1960年3月，曹建猷派电机系教师潘启敬、张光和参加了全国自动化学会及中国科学院自动化研究所联合召开的全国第一次远动学学术会议，潘启敬在会上作了《电气化铁道无触点综合远动装置》的学术报告，这个报告被选入论文集，1961年由科学出版社出版。1962年8月，由唐山铁道学院电机系供电教研室承担的"电气化铁道供电系统无接点综合远动装置"完成[2]。1964年，"电气化铁道供电系统无接点综合远动装置"通过初步鉴定，参加全国工业展览会，并获国家发明奖三等奖。这是铁路系统获得的第一个国家级奖励。

1975年，曹建猷与铁道部电气化局局长商定，为石太线研究新的晶体管远动装置。当时参与这项研究的钱清泉在此基础上引入计算机远动控制，做了创造性的研究，并取得巨大成功，为我国和国际铁路电气化打开了广阔的天地。1978年，由曹建猷领导和支持的石太线新的晶体管远动装置成功投入运行，获全国科学大会奖励、铁道部一等奖及四川省重大科技成果奖。1987年，随着远动技术的进一步发展，其产物"多微机远动系统"项目获1987年四川省科学技术进步奖一等奖和国家科学技术进步奖三等奖，并发展成为产品，广泛用于我国干线电气化铁路。

在曹建猷的直接领导和参与下，从潘启敬到钱清泉，远动装置研究团队研制出从第一代远动装置到第五代多微机远动智能监控装置，开拓了我国电气化铁路远动技术与监控系统的新道路，其成果达到国际先进水平。自1984年研制成功"多微机远动系统"并获得国家和省级科技成果奖以来，又陆续推出DWY系列微机系统，被国家计划委员会列入新产品试制计划，成为国家科学委员会重点推广项目，并在近十次国内、国际招标的投标工作中力挫群雄，以技术力量雄厚和性能优良而中标。这些项目有：川黔线电气化微机远动系统、鹰厦线电气化微机远动系统、宝中线电气化微机远动装置、焦枝线电气化微机远动装置、北京郑州线电气化微机远动

---

[1] 钱清泉访谈，2018年4月10日，成都。资料存于采集工程数据库。
[2] 自动化与远动化教学大纲，1964年4月1日。存于西南交通大学档案馆。

系统等。①

  毫不夸张地说，在远动监控系统研究方面，该科研团队已经处于世界先进水平，在国内处于领先地位。他们先后承担完成了大秦线、川黔线、石太线、宝中线、鹰厦线、丰准线、郑武线等建设工程的电气化运动系统，为我国铁路现代化装备提供了切实可行的高新科技成果，对提高我国运输效率和安全水平有重大作用，并取得了极为显著的社会效益和经济效益。这套国产的自动化微机工业监控系统可以替代进口的，为国家节省了千万美元的资金。这套系统成为技术密集型的高科技产品，已经为国家创造了数千美元的产值。

学 部 委 员

  1980年11月，曹建猷当选为中国科学院技术科学部学部委员②。当选为学部委员，是对曹建猷学术生涯的极高肯定，对此，他也津津乐道：

图9-1　1996年6月5日中国科学院第八次院士大会技术科学部院士合影（前二排左八为曹建猷）

  我当选学部委员，影响面很大。小坟山小学同学宋德祥来信说，

---

  ① 西南交通大学校史办公室：《西南交通大学校史资料选辑第八辑》。成都：西南交通大学出版社，1995年，第36页。
  ② 中国科学院学部部委员曹建猷作中国科学院第四次学部委员会议情况的传达报告，1981年6月13日。存于西南交通大学档案馆。

你就是和曹吉祥来上学的那个曹建猷吗？母校岳云中学在长沙大火后迁往衡山，改名衡山二中，来信要我指导学校工作。钱治平称我"名教授"，我说钟兆琳先生才是名教授，他是我老师。钱治平说，你是名教授，他是"祖师爷"——这话不尽然。我的知名度远不及钟先生，只是观念在变化了。钟先生气节凛然，上海沦陷后他称病不复出。抗战胜利，他又重执教鞭，从上海教到西安。他教书重点突出，概念清楚，是我大学四年笔记整理重抄的唯一一门课程。我在他心目中，也是得意门生之一了。①

图9-2　1985年曹建猷（左一）探亲时与儿孙们在峨眉校区凉亭下的合影

1981年，曹建猷担任国务院学位委员会学科评议组成员，兼铁路、公路、水运分组组长。1983年，曹建猷被选为四川省人大代表②，同年因年龄原因，不再担任电机系主任③。1985年，曹建猷被评为四川省优秀教师④和铁道部优秀教师⑤。1990年5月16日，中国科学院副秘书长兼联合办公室主任张玉台代表中国科学院专程来校，为曹建猷颁赠了中国科学院荣誉章，感谢曹建猷对中国科学事业作出的贡献⑥。同年11月24日，

---

① 曹建猷：《七十七年自述》，未刊稿。资料存于采集工程数据库。
② 第六届全国人民代表大会代表登记表，1983年4月28日。存于西南交通大学档案馆。
③ 干部任免通知，1983年11月13日。存于西南交通大学档案馆。
④ 四川省庆祝第一个教师节表彰优秀教师登记表，1985年8月23日。存于西南交通大学档案馆。
⑤ 1985年被评为铁道部、四川省优秀教师曹建猷，1985年9月10日。存于西南交通大学档案馆。
⑥ 西南交通大学学报，1990年6月28日。存于西南交通大学档案馆。

图 9-3　1983 年曹建猷向西南交通大学教职员工传达第六届人民代表大会第一次会议情况

为表彰曹建猷为发展高等教育事业作出的突出贡献,根据人事部、财政部有关文件规定,经铁道部提名、人事部同意,从 1990 年 7 月开始,曹建猷享受国家发放的高级知识分子特殊津贴[①]。

不 拘 一 格

为了发展计算机专业,曹建猷广开才路。如果考来的学生本科是数学专业的尖子生,他会更多地与他交流有关数学的问题。除了在学习上关心学生,曹教授还根据每个学生的性格和特长,给予发展方向上的指导。曹建猷才思敏捷,面试博士生时,他会出其不意地从深奥的专业提问转到一些数学趣味题,只有及时转换思路,才能回答上他的提问。

曹建猷在不拘一格选拔人才方面更是卓有远见。在研究生入学考试中,他决定计算机应用专业不考特定的专业课,只考专业基础课。这就为大量非计算机专业的优秀人才打开了进一步深造的大门。曹建猷认为,只

---

① 专家情况登记表,1993 年 12 月 29 日。存于西南交通大学档案馆。

要数学好就有发展，即使没有学过计算机的专业课，他们也能跟上，也能成才。为此，他顶住了社会上很大的压力，使这种政策形成传统，在计算机与通信工程学院（信息科学与技术学院的前身）一直坚持到20世纪90年代末才有所改变。后来的实践证明，曹建猷的这个决断非常英明。因为正是这种政策使西南交通大学计算机与通信工程学院为非计算机专业的大量优秀学生提供了成才的机会，其中很多人已经成为社会的栋梁。

1981年，在西南交通大学评定教授职称时，首先推荐电机系的一名副教授提升为教授[①]。这件事像在一潭死水中投入一块大石头，在学校引起了强烈反响。接着其他系也推荐了几名早已具备条件的教师，并提升为教授。从此，学校才有了中华人民共和国成立后培养的大学毕业生教授。西南交通大学是一所老学校，有很多在中华人民共和国成立前就工作的老师因为一系列政治运动，职称问题一直没有解决。曹建猷力排众议，推荐相对年轻的教师成为教授、副教授，引发了很大的争议。对此，潘启敬回忆道：

> 青年教师培养的问题，我接着前面这个说。我记得"文化大革命"以后学校评职称，高级职称的名额非常少，曹教授主动跟学校说让学校往上面报，后来省里才给我们增加了一批高级职称名额。我就记得那次是他争取来的。曹教授不怕年轻人超过他，他鼓励年轻人成长。当时力学教研室在国家力学竞赛中得了奖，后来曹教授就特别鼓励，希望他们很快成长起来。
>
> 我评教授也是曹教授第一个提出来的，因为"文化大革命"以后职称晋升开放了，我是1950年毕业的，1949年以后毕业的没一个教授，但是曹教授就要突破这个关口，他首先在学术会上提出让我当教授，我记得当时外系教授好像还不以为然，说："他们中华人民共和国成立后毕业的当教授……？"但曹教授认为可以，后来通过了。我第一个通过以后，别的系也放开了，我们学校那次提了一批中华人民共

[①] 《曹建猷院士纪念文集》编委会：《筚路蓝缕 桃李春风——曹建猷院士纪念文集》。成都：西南交通大学出版社，2009年。

和国成立以后毕业的教授，包括谢幼藩、许晋堃、舒仲周。①

1988 年，在职称评定工作时，开始没有考虑青年教师的高级职称，后来曹建猷向学校提了建议。11 月，学校决定按省里的指示再补评一次，并把青年教师的职称问题作为重点。结果评出了 6 人，年龄在 30~40 岁。使中青年教师受到很大的鼓舞。这 6 位被破格提升为副教授的年轻讲师分别是力学系宁杰，电气系李群湛、杜申华，计算机系石理，社科系贾志永和管理系邓幼强。在这 6 位年轻人中，有 4 人是 1986 年才晋升的讲师。力学系的在职博士生宁杰从事力学新分支"本构关系"的研究，陆续发表了一些质量较高的论文，他曾在第九届国际反应堆结构力学会议上应邀作了截止到那时中国唯一的特邀报告。②当时《光明日报》刊登了这一条具有冲击性的消息，并肯定了西南交通大学破格提拔人才的做法。

运输系有个叫朱松年的副教授，评教授的时候，提交的论文只有两三页，曹建猷当时是校评委的主席，有人就说这个论文怎么行，两三页，曹

图 9-4 1985 年曹建猷在西南交通大学峨眉校区的生活照

① 潘启敬访谈，2017 年 9 月 7 日，成都。资料存于采集工程数据库。
② 西南交通大学学报，1988 年 3 月 25 日，第三版。

建猷说:"你看看他编的那个数学公式,运用了很多理论,解决了很多问题。就像爱因斯坦的一个重要公式一样,那是一般文章能比的吗?"①

牵引动力实验室

1988年,科技部利用世界银行贷款中的"重点学科发展项目",准备再建一批国家重点实验室,并将范围扩大到产业部门、高校及科研单位。在各部门推荐的基础上,国家计划委员会组织了一个18人的评审组,由师昌绪担任评审组长。铁道部拿到两个名额,分配给北方、西南两所交通大学,允许各报一个。国家重点实验室是当时最高层次的国家研究平台,多设置在科学院及教育部直属院校,主要从事基础理论和应用基础性研究。这次科技部将国家重点实验室扩大到产业部门,目的在于推动应用基础研究。对于这个难得的机会,两个交通大学都很重视,分别由主管科研的副校长主持,组织各系联合申报。北方交通大学由运输、电信两系联合组织通信信号及运输组织方面实验室的申报,西南交通大学则由主管科研的曹建猷副校长负责组织机械、电机两系研究申报方案。

两系共提出18个研究方向,都要求列入。基础部力学教研室的沈志云刚从欧洲讲学归来,提出建设时速400千米机车车辆滚动振动试验台的方案,得到曹建猷的充分肯定。最后在成都召开的会议上,他否定了所有已提出的方案,主张集中到沈志云提出的这个试验台上。他说:"国家投资有限,什么都建,什么也建不成。发展高速铁路是世界的趋势,建设机车车辆流动振动试验台是关键设备,国外只有德国慕尼黑有这样的台子。我们瞄准它,建成超过它的设备,就有望达到世界领先水平,为我国自主研发高速列车掌握最有力的手段。"②

---

① 朱怀芳访谈,2017年9月17日,成都。资料存于采集工程数据库。
② 《曹建猷院士纪念文集》编委会:《筚路蓝缕 桃李春风——曹建猷院士纪念文集》。成都:西南交通大学出版社,2009年。

这样的安排是沈志云完全没有想到的，虽说他与曹建猷是湖南老乡，两家相距也不远，但以前都不太认识，甚至彼此熟悉是因为一次争吵。沈志云回忆道：

> 我当时任基础课部副主任，负责实验室建设，为把理论力学的振动实验室放入新落成的主楼，还同主管科研的副校长曹建猷争得面红耳赤。曹校长甚至起高腔说："不要再像以前那样拿党委来压我。"我心里很着急，觉得把这位号称"曹霸天"的副校长真的得罪了。①

曹建猷还就如何申报提出具体意见。他说："要以已经打出去的两个拳头，即孙翔教授的重载和钱清泉教授的远动来保一个基础，即车辆系统动力学的研究。"他还亲自为实验室取了一个简明的名字：牵引动力。可以说，实验室的大方向和建设的大政方针都是曹建猷亲自定下来的。

图 9-5 牵引动力实验室

当时全国只有 50 个名额，而申报项目就有 180 多个。曹建猷觉得沈志云刚从国外回来，对各国发展高速铁路的情况比较熟悉，便于说明申报理

---

① 沈志云访谈，2017 年 9 月 17 日，成都。资料存于采集工程数据库。

由，决定由他去答辩。但当时沈志云是应用力学研究所所长，属于基础课部，不属于负责申报的两个系，所以，两个系都不同意。经办单位研究生部的方国太觉得很为难，去请示曹建猷。曹建猷问他："我自己去答辩，他们同意不？"方国太说，那当然没有问题。曹建猷于是说"那我委托沈志云代表我去答辩"。他还亲自写了一份委托书，由方国太交给沈志云，并派钱清泉和方国太与沈志云一同去北京，共同回答评审专家的问题。为了确有把握，他还亲自组织了4次试讲，设想了所有可能提出的问题。结果，专家评审的总平均分排第27名，进入前50名而被录取。

对此，沈志云回忆道：

> 我从欧洲讲学回来，两系已经讨论几次了。我当时属基础课部，没有参加，也没有人通知我去开会，只是听说有这件事，并不了解详细情况，但是我很关注这件事。一天，孙翔要我和严隽耄教授到他住所讨论申报方案。我们三人在那里讨论了三个多小时，研究了多种方案，最后觉得还是我提的方案可行。我主张利用这个难得的机会，建一个我们没有条件建的实验室，这个实验室应当为我们要研究的世界前沿科学服务。什么是世界前沿？搞铁路这一行只能是高速铁路技术。当时铁道部忙于抓客货运输，高速铁路一事还没有提上工作议程，而在国际上高速铁路早已是热门话题。因此只有靠国家层面的实验室才能推动这项研究。具体说，我主张集中建450千米时速的轮轨滚动振动试验台。世界银行的贷款每个实验室只能分到125万美元，搞整车试验台远远不够，但我们可以先建一个单轮对的台子，研究高速下的轮轨关系。虽然在整车效果上不如德国慕尼黑试验台，但可以争取在功能和精度上超过他们，达到世界领先水平。
>
> 孙翔非常赞同我的想法，我们商量由他去向曹建猷校长建议邀我参加讨论会。我在会上谈了想法以后，机械、电机两系都不太同意。一共只有125万美元，而两系已经报了18个项目，如果接受我的建议，这点经费全部用完还不够。但是，曹教授非常欣赏我的想法，认为这是唯一可以使我们的实验室达到世界先进水平的方案，希望大家

仔细考虑。9月份在成都开会，曹教授明确提出，把所有的钱都用来建我提出的试验台，其他18项全部取消。两系的同志虽不高兴，也不便于反对。曹教授有个外号叫"曹霸天"，平时行事说话比较果断，而且，曹教授说的理由也无法反驳。就这样，这个问题就算解决了。关于实验室的名称，曹教授说就叫牵引动力吧。大家也同意叫牵引动力，因为功率模拟是典型的牵引动力，把动力学性能模拟称为牵引动力也无不可，于是就定了这个名字。会后曹教授叫我准备材料，好到北京去答辩。

  这次答辩，评委和答辩人的层次都很高。评委多为知名专家，在组长师昌绪领导下，提问很深入。我们事先做了很好的准备，连会提哪些问题都预想到了，并做了如何回答的准备，例如实验室与现场的联系等。钱清泉教授为此带去了很多实验室与现场签订的合同。结果当场还真问到了这个问题，钱教授一一做了展示，现场效果非常好。在回答实验室哪些方面能达到世界什么水平时，我们都讲得很具体。评委评分有100多个分项，打分后按总分排序，我们排第27名，稳在50名以内而获得通过。此后，国家重点实验室铁道系统只有我们一家。一直到2005年，北京交通大学才申报成功一个国家重点实验室，比我们晚了17年。

  回想这次申报成功的原因有几方面：①瞄准了国际前沿——高速铁路技术；②目标定为世界先进，我们的方案比世界第一的德国慕尼黑试验台规模小，但一根轴的试验功能及精度要比他们高；③在国内有超前性，实际是提前为发展高速铁路做准备；④集中使用资金办大事，我们的方案是将世界银行的贷款及配套资金全部集中用于建大型滚动振动试验台，没有分散到一些没有特色的小项目上。之所以能做到这点，应归功于曹建猷副校长的高瞻远瞩和果断统筹。所以，后来我常说牵引动力国家重点实验室的奠基人是曹建猷教授。[1]

---

[1] 沈志云，张天明：《我的高铁情缘：沈志云口述自传》。长沙：湖南教育出版社，2014年，第142-144页。

根据曹建猷的意见，由沈志云任主任，钱清泉任副主任。沈志云感到压力很大，对曹建猷说："试验台这么大，搞得好，作用很大，搞不好，就是一堆废铁。"曹建猷说："你们责任重大，如果做不成，造成这么大的浪费，那就是'死罪'。你们是把脑袋别在裤腰带上在工作。只要有这种意识，就一定能做好。"在曹建猷的领导和鼓励下，通过大家的努力，终于建成了符合国家要求的重点实验室，1995年，通过了国家验收。沈志云到曹建猷家里，向他汇报这个喜讯，并请他到实验室去察看。他欣然同意，而且马上就要去。沈志云说，有两个办法：一是请学校办派汽车送去，二是坐他的三轮车去。曹建猷说："当然是坐你的车嘛！"沈志云那辆三轮车很破旧，就停在楼下。他一点都不嫌弃，非常高兴地坐上车，把实验室看得仔仔细细，做了许多中肯的指示。回来经过图书馆时，遇到电教的同志，拍下了一张有历史意义的照片。①

图9-6　1993年曹建猷（右二）设宴招待沈志云、孙翔等人

西南交通大学牵引动力国家重点实验室1988年申报，1989年开始建设，1993年初步建成，1995年通过国家验收。2003年、2008年连续两次

---

① 田永秀：轮轨丹心　沈志云老科学家学术成长资料采集报告。未刊稿，2017年。资料存于采集工程数据库。

被评为国家优秀实验室，取得多项重大成果，为我国铁路建设作出了重要贡献，培养了一大批优秀人才，承担着越来越重要的任务，成为轨道交通国家实验室的核心。之所以能取得这些成就，重要原因之一，就是在始建之初就确定了正确的目标、任务和发展战略，这一功劳当归属实验室最早的创建人曹建猷。

图 9-7　沈志云院士骑车带曹建猷去参观实验室

曹教授为人公允正直，对工作十分负责任，一切从大局出发。他多年担任电机系主任，但作为副校长，却把这个十分可贵的发展机遇给了基本上是机械性质的学科，而且全力以赴去推进。这种不徇私情的领导作风，这种高度负责的工作精神，是值得我们永远学习的。[1]

图 9-8　1993 年第一届学术委员会上曹建猷（席位站立握手者）给牵引动力实验室学术委员颁发聘书

---

[1]　沈志云访谈，2017 年 9 月 17 日，成都。存于采集工程数据库。

第十章
鞠躬尽瘁

加入中国共产党

1987年3月2日，70岁的曹建猷向西南交通大学党委郑重地递交了亲自书写的入党申请书。

入党申请书

敬爱的党：请考虑我这个迟到的入党申请人的请求。其实，这三十多年，我自己以为，一直是跟着党走了过来。即使是自己最困难的时刻，也没有失去过对党的信念。因为，我认为，党的事业是最伟大的。

党，这些年来，也从未把我看成"外人"。我也常常这样来看待党。

可是，这毕竟是我第一次提出入党申请书，从组织上申请入党。最初，我以为作为党外的一名积极分子对党在学校的工作更加有利。后来，又以为自己自由主义比较重，不愿开会，不够党员条件。

我即将七十岁了，为党工作的时间已十分有限了，我愿意改正我的缺点，为党做一名宣传员——做一些有利于中青年人的工作。事实上，这也是我这三十多年来的愿望。

对党的崇拜，是从一九四八年开始的，接着是全国解放。作为深受帝国主义侵略、压迫，国民党黑暗统治苦难的中国人民的一员，忽然看到祖国的光明，那种从死灰中复苏的心理是无法形容的。共产党、毛主席，在自己心里有着无比高大的形象。真正了解党的事业却是在回国后的五十年代初期，通过学习和自学了解的。只有社会主义才能救中国，只有共产主义才是人类共同的理想，这个道理已深入我的心。

青少年时期，看到军阀混战，国民党腐败，自己曾有过一个概念：不涉足政治，当一名科学家。这时处世思想相当顽强。不过，在了解到党的性质、任务和理想之后，开始改变了。因为，那正是自己所向往的——在多年经历和目睹旧社会、资本主义世界的纷纭现象之后，认为自己应为社会主义事业而奋斗。

去年的学潮使我看到一些青年人思想多么混乱，使我又一次萌发申请入党的愿望，而且日益强烈。自己老了，但是，我是一个三种社会的经历者，在我的头脑中，三种社会，对比鲜明，哪怕目前我们的制度还不完善，那也比它们都好，好得多，至于将来，会更好。

我知道，我能做的工作已很有限，很有限了，但我愿意努力去做，更自觉地去做。

最近，我又一次学习了党章，它是那么亲切。三十多年来，我和过去的思想、感情，有许多不同了。这是党教育的结果。我要感谢党，希望党考虑我的请求，使我进一步受到党的教育。改造成一名共产党人，为党的事业，献出余生。

曹建猷
一九八七年三月二日 [①]

长期以来，曹建猷一直是拥有家国情怀的中国传统分子，"爱国"是他

---

① 手稿，西南交通大学档案馆个人人事档案。资料存于采集工程数据库。

终其一生的特质，经历过积弱积贫的旧社会，目睹了国外先进的科学技术发展和富裕的生活状态，更坚定了他科教兴国、富国安邦的信念①。"爱国"是他人生的风向标，他一生的轨迹就是追随"报效祖国"的信念所绘，从湖南乡到上海十里洋场；毕业后到了昆明的西南联合大学，考取庚款留学美国；1951年抛却美国优渥的生活想方设法回到一穷二白、百废待兴的新中国，他本可以去自己母校上海交通大学，为了开创中国铁路电气化事业，来到了唐山铁道学院；随着三线建设、高校内迁，他又来到了峨眉山下，最后退休到了成都。他的表弟曾经打趣说，他是从大城市到小城市，最后从城里人变成了山里人，但曹建猷追随自己的信念，一生无悔。②"先天下之忧而忧，后天下之乐而乐"，"爱国"也决定了他一辈子的"担当"，在中国没有一米电气化铁路和一个电气化工程师的时候，他秉持着"舍我其谁"的气概，投身新中国铁路电气化建设事业，为中国铁路发展奉献了毕生。③这种深厚的爱国主义情感深深地感染了所有与他接触的人，他的学生肖建回忆道：

> 曹教授已经去世20年了，而大家对他真的是念念不忘，他的人格魅力已经渗入了电气学院所有老师的心里。有一件事我印象非常深刻，就是他的爱国。他不像有些人喊口号说爱国，他是用实际行动来爱国。我因为去的次数比较多，包括大学生毕业以后，跟他接触算是比较多的。我每次跟他谈话，他就谈国家，他谈的事情从心里渗透出爱国的热情。他也跟我谈当时为什么回国，他说："中华人民共和国成立前，当时国民党当政的时候，最简单的事情，美国的报纸涉及中国的报道都是一小豆腐块，放在不起眼的位置，自从中华人民共和国成立以后，有关中国的报道经常是在纽约报纸上非常醒目的位置，肯定国际地位提高了。"他回国后条件很艰苦，他当时在纽约有正式工

---

① 《曹建猷院士纪念文集》编委会：《筚路蓝缕　桃李春风——曹建猷院士纪念文集》。成都：西南交通大学出版社，2009年。
② 曹康白访谈，2017年10月7日，成都。资料存于采集工程数据库。
③ 曹建猷：《七十七年自述》，未刊稿。资料存于采集工程数据库。

作,而且生活得很好,当时大女儿已经出生了,一家人安定下来,他完全可以待在美国,但是他一心想要回国报效祖国。虽说科学无国界,但是科学家是有祖国的。我觉得青年人要向曹教授学习的东西很多,但最应该学的就是他的爱国情怀。一个人如果不爱国的话就没根基了,所以我个人觉得最应该学习他的这一点。①

关于入党,曹建猷其实是经过深思熟虑的,曹建猷的姑姑曹孟君在早年就是共产党员,他的姐姐在姑姑的影响下也加入了中国共产党。但曹建猷一直有一种实业兴国,不参与政治的倾向,虽然"文化大革命"期间受到冲击,甚至失去了妻子姚晳明,但他一直有种朴素坚定的信念,始终相信中国共产党的领导。"文化大革命"后,中国共产党拨乱反正,特别是邓小平的改革开放政策,使曹建猷进一步坚定了信念②,一贯具有家国情怀,爱国爱校爱党的曹建猷提出了入党申请。③

1988年6月12日,经过一年的预备期之后,曹建猷转为中国共产党正式党员。

入党转正申请

党委、王润霖同志:在批准我为一名预备党员之后,快一年了。这一年间我特别感受到组织的温暖。至于我自己,过去对待组织,对待周围的党员,虽然也亲密无间,但在这期间却加深了一种"自己的"感觉,把党的事业看成了自己的事业,把党员看成自己人,荣辱与共。成功时,和过去一样感到高兴;遇到挫折,却有着一种更加深沉的担忧。

例如对待不正之风,过去只觉得反感。这一年来,却常常会思虑,想想如何才能克服。这种感情,过去是没有,或很少的,往往只表现为批评。现在也批评,但感情,却好像是对"自家的"事。

---

① 肖建访谈,2017年9月29日,成都。资料存于采集工程数据库。
② 西南交通大学学报,1987年10月13日。存于西南交通大学档案馆。
③ 白家棣访谈,2017年8月20日,成都。资料存于采集工程数据库。

我们党从现状看，还远非理想，但是我们在从事前人未有过的事业，而且已经取得前人未有过的进展。作为一名预备党员和普通的中国人当然兴奋。但是我也看到，从一个封建式的社会要改造成社会主义社会，涉及几亿人的改变，要有一个很长的过程，不是以人们意志为转移的。何况这条路如何走，并没有任何成功的经验可资借鉴，这就不可避免地产生目前的局面——我们不得不迎着封建主义、资本主义泛滥的浪潮逆流而上。这就要求广大党员、非党员人士和各阶层人民同国家同呼吸、共命运，度过这段时期。

十一届三中全会是一个标志，是在前进方向上的一个总里程碑。十三大是另一个标志，令人鼓舞。在十三大上，不但提出了许多政策和措施，并且在理论上有所突破。

十三大后接连召开的几次政治局会议，对教育、物价、党风问题进行了研究并作出了决定。最近对物价和工资改革问题又进一步作出了决策，并且深入实际，决心着手解决当前改革中的两大难题。

风险当然很大，但从宏观看，从长远看，这无疑是一个正确的决策。最近，物价纷纷上涨，说明我们的工作绝不轻松。目前利益一定要服从长远利益。我想，是可以说服许多人的。自己也决心跟随党，绝不动摇。

这一年来我向支部写了三次汇报，这里不重复了。我请求党对我进行审查，希望能批准我成为一名正式党员。

曹建猷　1988年6月9日[①]

70岁入党的曹建猷，在宣誓仪式上是非常投入和激动的，冯晓云回忆："我正好和曹老一起宣誓入党，先生宣誓的时候那种激动的心情，我现在都能记住，他整个人在宣誓的时候，一直在抖，就把我也给带得很激动，全身都是那种激动的状态。到现在我只要一宣誓，一说，'我自愿加入中国共产党'，我就抖，就特别动情。"[②] 关门弟子李群湛回忆说："先生是我们

---

① 手稿，西南交通大学档案馆个人人事档案。资料存于采集工程数据库。

② 冯晓云访谈，2019年10月1日，成都。资料存于采集工程数据库。

的良师益友,是我最敬佩的人,我们一起成为预备党员,又一起庄严地举起右手,这是永远的纪念。"①

教授Ⅰ型

从1951年8月曹建猷来到唐山铁道学院,周围的学生、同事就称其为"教授",刚开始电机系有四大教授,任朗、杜庆萱和他的爱人姚皙明,渐渐地,"教授"已经成为曹建猷的特定称谓。"教授"的称呼中蕴含了两层意思,姑且称作教授Ⅰ型和教授Ⅱ型。

曹建猷治学严谨,有一个词他常说——"过细",即任何事情不能粗枝大叶,而要准确细致地研究和把握事情。②从科学研究到教材刻印,从

图10-1 1986年西南交通大学90周年校庆时电气工程学院返校校友合影(前排左六为曹建猷)

---

① 李群湛访谈,2019年10月1日,成都。资料存于采集工程数据库。
② 陈维荣访谈,2019年10月1日,成都。资料存于采集工程数据库。

教学过程到研究生培养，可以说严谨、严格是曹建猷一贯的要求，也深深地影响了他的学生。

肖建当年写博士论文时，曹建猷已经70岁了，随学校搬迁到成都。肖建一早从峨眉赶到成都将论文初稿交给曹建猷，当晚，肖建发现，从论文题目到论文中的各个细节部分，密密麻麻地写满了曹建猷对论文的修改意见。肖建当时热泪盈眶，一句话也说不出来。他想，为了自己的论文，曹教授肯定是一整天都没有休息。曹建猷这种对学生认真负责的态度和敬业精神，令学生终生难忘。

曹建猷特别勤奋，"工作狂"是他儿女给他的称谓，尤其"文化大革命"以后，60岁的曹建猷感觉时不我待，在其后的岁月里恨不得把一天当两天用。

在参加人民代表大会时，曹建猷还带着《离散数学》，进行重新修订。当记者采访他时，他说他正在琢磨要在这次会上提一件最要紧的事，那就是要珍惜时间，尽量减少会议。他定的规矩是只参加三种会：人民代表大会、国务院学位委员会会议、中国科学院学部委员会议。他说，这是旁人不可替代的，也都是必要的会，其他的会一概免去。他呼吁道："我特别要代表中年教师呼吁：少开点会！现在各地方会议很多，什么报告会、讨论会，加上各种行政会，不知要耽误多少时间！"他进一步补充道："现在讲改革，我看也要改革一下我们的日常生活，加快生活节奏。要知道，珍惜时间，对所有的人都是重要的。"他曾经告诫子女，不可做"寓公"，要有事业心和拼搏精神，不能安于享乐和贪图享受。

知人善用，也是曹建猷的一大特点。曹建猷对电气和计算机两个学院的建设和发展倾注了全部精力和心血，对两个学院学科建设、专业设置、课程和教材建设、师资培养和队伍建设、实验室建设与发展等都进行了周密的设计，并进行了深入具体的指导工作。例如每年选留青年教师工作，他会对每一位留校青年教师的学术水平、政治条件、品德等逐个详细审查。对实验室建设中重大设备进行严格论证和审批，并尽力到学校去争取经费。

曹建猷有一个小本子，记录了每届学生中他认为可以留校作为师资的学生名字，即使在当副校长期间，他也通过给学生上专业课或者各种接触学生的过程中，迅速捕捉学生的特点[①]。每当别人提到一名同事或者学生，他就能马上说出这个人的优点是什么，擅长什么，适合做什么。

钱清泉于 1956 年考入电机系，1960 年毕业留校后一直在潘启敬带领的远动研究团队，1985 年计算机系从电机系分离出来的时候，他想搞计算机控制，就去找曹建猷，要求调入计算机系。曹建猷拒绝他调动的申请，并且告诉他，"你在电机系远动控制团队，你有基础不断跟进最新发展前沿，你就是条龙；你到了计算机新领域，你什么都不是，就是条虫。"后来，钱清泉请求出国留学亦遭到曹建猷拒绝，有些想不通，找曹建猷理论，曹建猷却说："今日不议此事，要吃饭，我请客。"数次闭门羹之后，钱清泉只好作罢，继续潜心于远动系统的研究。当国内第一套微机远动系统基本完成时，曹建猷笑问钱清泉"现在你还要走吗？"一语道破他多年的良苦用心。而钱清泉听从了曹建猷的建议，没有离开电机系远动团队，而是把微机联动应用到远动控制，从单板机、单片机再到学习日本的经验，最终实现了自主知识产权的微机联动远动控制软件，并大规模使用在中国的铁路上。其成果获得国家级科技进步奖，钱清泉也于 1997 年成为中国工程院院士。对此，钱清泉感叹道：

> 曹老于我，有启迪、提携之功。1960 年，我刚毕业留校，曹老倡导并积极支持电气化铁路远动这个研究方向，鼓励我和几位同事坚持研究下去，但攻关难度甚大。在曹老的努力下，该项目获得立项，得到了宝贵的资金支持，为研究工作的有效开展提供了强有力的保障。在课题研究中，曹老从不束缚手脚，鼓励我放手去搏，并适时"指点江山"，帮助解决了许多难题。20 世纪 60 年代，国内还不具备生产电子元器件的能力，给研究造成了相当大的困难，曹老就趁出国访问的机会，从苏联购买晶体管等器件以供新型远动系统的研究之用……曹老生病住院期间，忍受病痛折磨，却依然关心我的院士申报进展情况，当时我不以为意，曹老训诫道："院士申报不是你一人之事，是关乎学

[①] 李群湛访谈，2019 年 10 月 2 日，成都。资料存于采集工程数据库。

校和学科发展的大事，我病重，不能正常工作，实在令人着急，你们一定要把这件事情办好，为以后的持续发展撑起一片天。"

其实发现、培育和提携年轻人、培育未来发展力量，甘当铺路石和人梯是曹建猷的一贯风格。1994年，中国科学院让院士推荐30个名额直接进入工程院成为工程院院士的时候，作为中国铁路电气化奠基人的曹建猷推荐的是沈志云，而不是自己。曹教授事后告诉沈志云："因为你年轻啊，你可以再往前走，你可以做更多的事。"[1]

曹建猷的大公无私是有口皆碑的。作为电机系后来的电气学院、计算机学院的开拓者，他从来都是秉公执法、公正公平地处理各种事情。他唯一的标准是，对国家发展有利、对学校发展有利。在做副校长期间，职称评审中的各种争端，在他的公正无私中得到了化解，学校形成了提携年轻人，看实力不看资历的可贵局面。事实上，积压多年的晋升职称问题成了学校最敏感的事情，作为当时电机系主任的曹建猷对此心中有数，他对一批老教师讲："有关晋升职称和出国进修问题你们谁也不要争，我有完整的想法和统一的具体安排，你们安心搞好自己的教学工作，最后会让你们各得其所。"这样使得电机系教师晋升职称和出国进修有序地进行，使教师能腾出更多的精力搞好教学和科研工作。

每年教师晋升职称和评审都是学校的一项重要工作，每个评委要做到公平公正、无私无畏地把好评审关口也不是一件容易的事。曹建猷在每年的教师评审会上都能从学校和全局出发，做到无私无畏地对全校教师进行公平公正的评审。记得在有一年的教师系列校级评审会上，会议还未正式讨论和评议时，曹建猷首先发言，将电机系提名的教师毫不留情地逐一进行了点评，首先对自己单位的教师作出正确的评价。因为他能做到这一点，因此他也敢对其他院系教师提出公正的评价，这种评价也取得了在场所有委员的称赞和认可[2]。

---

[1] 沈志云访谈，2017年9月17日，成都。资料存于采集工程数据库。
[2]《曹建猷院士纪念文集》编委会：《筚路蓝缕　桃李春风——曹建猷院士纪念文集》。成都：西南交通大学出版社，2009年，第130页。

正是基于大公无私，曹建猷往往敢"仗义执言"，因此得了两个绰号。第一个是"曹钢炮"，在"反右"期间，他对一些教授被划为"右派"表示不解，直接在大会小会上表达他的想法，于是有了"曹钢炮"的外号；第二个是"曹霸天"，在"文化大革命"期间，有人批评曹建猷做事坚持己见，不肯改变，因此给他扣上了"曹霸天"的帽子。但事实证明，他的坚持往往是正确的[①]：坚持一开始就看齐国际最新前沿的单相工频交流 25000 伏电压制；坚持办计算机专业、在西南地区成立第一个计算中心；坚决支持沈志云领衔的牵引动力实验室；坚持突破资历，推荐相对年轻的教授、副教授……他一次次力排众议或者敢于拍板，恰恰取决于他高瞻远瞩的学术能力和敢于担当的精神气质，更是他对国家、学校利益的坚守与热爱。正如学生肖建回忆：

> 还有一个事情，就是曹教授对学校的那种爱护。我见了这么多老师，对学校的关心跟爱护没有人在他之上。评职称的时候，他历来都是公私分明，敢说敢做，所以当时在他的带领下学校的风气很正，他评教授、副教授的结果大家都很服气，这个事情他确实做了一个非常好的榜样。另外一个就是他晚年的时候，因为我那时毕业留校工作，经常去拜访他，每当谈到学校的成绩时他就眉飞色舞，学校在前进的过程中遇到挫折的时候，他整夜不寐，想方设法解决问题，他的心都扑在学校上面。[②]

教 授 Ⅱ 型

不过，一向威严的"教授"也有很可爱的一面，主要表现在以下几方面。

[①] 李群湛访谈，2019 年 10 月 2 日，成都。资料存于采集工程数据库。
[②] 肖建访谈，2017 年 9 月 29 日，成都。资料存于采集工程数据库。

第一,平易近人。对此,白家棣回忆说:

> 我们刚刚毕业的时候,班里一共留下了五个同学当助教,我们的身份也从原来的学生变成了老师,或者说变成了曹教授这个大家庭里的一个成员。按照他的习惯就是要把我们请到家里去,请我们吃一顿饭,他拿出了当时最珍贵的红葡萄酒大家一起喝,而且他爱人姚教授也加入进来,整个用餐的过程中大家互相交谈,像一家人一样,感觉特别亲切。我们也愿意到他家里去,有时候讨论学术上的问题,有时候谈一些其他的像家庭问题,包括自己生活上的一些问题,甚至包括女朋友的一些想法也征求他的意见,所以那时感觉这个关系是很好的。[1]

1965年,成昆线建发电厂,曹建猷带领1961级的学生参加现场实践。山路崎岖,每走一段就会发现坠落山涧的汽车残骸,看得大家胆战心惊。现场条件极其艰苦,曹建猷婉拒了部队为他安排的勤务人员,坚决不让工地为他单独开小灶,他与大家一起吃粗茶淡饭、住工地帐篷,生活条件一切向学生、工人看齐。曹建猷非常尊重现场的工作人员,时常与他们交流问题,言语中流露出对他们的赞赏,他常常谦虚地说:"在学校待久了,容易与实践脱节,很多实际问题我们不懂,来到这里,我们就是学生,是向各位学习的。"曹建猷的谦和,赢得了广大工人和士兵的尊重和爱戴,被冠以"平民教授"的称号[2]。

一次华罗庚来校访问,当时学校尚在峨眉,条件艰苦,曹建猷听闻学生刘太平烧得一手好菜,戏称:"我备材料,你献手艺,一起设家宴款待华老师如何?"遂付诸实施,师生合作宴请贵宾,传为一段佳话。

第二,豪爽大方。由于曹建猷是教授,工资比其他人高,所以他很大方。1960年前后,曹建猷享有黄豆票和餐券。餐券是唐山的久美斋,他

---

[1] 白家棣访谈,2017年8月20日,成都。资料存于采集工程数据库。
[2] 《曹建猷院士纪念文集》编委会:《筚路蓝缕 桃李春风——曹建猷院士纪念文集》。成都:西南交通大学出版社,2009年,第57-58页。

经常带着年轻教师去"打牙祭"。在峨眉工作时,学校条件艰苦,为了鼓励大家共同努力,曹建猷常常自己出钱组织大家开茶话会,会上大家各抒己见,畅所欲言,增进感情的同时,也了解到许多实际问题,曹建猷常常将此称之为"体察民情的捷径",通过这条快捷通道,他了解到一些年轻教师生活上的困难,并主动资助他们。那时,有好些年他的子女都不在身边,他跟单身的老师住在一栋楼,跟他们打成一片,无论他打桥牌输了还是赢了,只要嚷嚷讹他"请客",他就拿出钱来,让年轻老师拿着钱买鸡买肉,大家一起做,一起吃。他经常是从书架里面取出一本书翻开拿出钱来,所以后来有老师开玩笑说,以后偷教授的家就偷他的书[①]。

第三,讲课幽默风趣。大家都知道,曹建猷对学生要求极为严格,学习成绩不过关,被勒令回家者不乏其人。但是,每位学生都十分喜欢听曹建猷讲课。电力铁道供电系统是一门很难讲的专业理论课,许多数据和公式的推导枯燥无味,但他讲起课来绘声绘色、幽默风趣,把许多很深奥的理论问题用一两个例子或比喻,深入浅出地说得明明白白,使许多学生对这门课产生了浓厚的兴趣[②]。

性格决定了课堂风格,曹建猷上课的风格也是潇洒自如。他在课堂上很少一直待在黑板前,而是在学生中走动,一堂课可以围着教室走好几圈;他的课概念清楚、知识丰富、非常简练。结合教学内容,有时他会离开讲稿,讲一些他在美国或者在哪些地方的见闻,有时也发表一点感慨,然后又回到他的主题,例如他用国外赌场的例子来说明概率论[③]。据高仕斌回忆:"曹老先生讲课,不喜欢囿于三尺讲台,时而在黑板上板书,时而走下讲台与大家讨论,时而点名邀同学回答问题,开合有度,游刃有余。他常说:'做学问,开放性思维很重要,要想有所成就,就要打破固有的条条框框。你们以后是国家的栋梁,无论做什么,千万不能把自己圈在小框框里走不出来!'。寥寥几语,令我不禁为之一震,古人云:'师者,所以传道授业解惑也。'曹

---

① 陈蓉平访谈,2019 年 10 月 4 日,广州。资料存于采集工程数据库。
② 《曹建猷院士纪念文集》编委会:《筚路蓝缕 桃李春风——曹建猷院士纪念文集》。成都:西南交通大学出版社,2009 年,第 125 页。
③ 李群湛访谈,2019 年 10 月 2 日,成都。资料存于采集工程数据库。

老先生把传授做人、做学问之道巧妙地寓于讲课过程,真是独具匠心。"

第四,爱好广泛。长期以来,曹建猷对各种新鲜事物都充满了好奇心,并且随着年龄的增长,兴趣、爱好却极大地发展起来,从世界大事到各种体育运动,他在观看以后各种研究和点评,并写在笔记本上,女排一个本子,足球一个本子,桥牌一个本子。

曹建猷热爱足球,四年一度的世界杯,他和年轻人一样期待。每逢有赛事,喜欢热闹的他就会邀请一大帮球迷到家中,吃零食,喝啤酒,对球星品头论足,为门前险情而捏把汗,为进球而欢呼喝彩,每每聊起足球,曹建猷总是兴致勃勃,如数家珍。他经常说:"年龄大了,上不了'沙场',踢不了球了,只能在屋里看看电视,过过眼瘾,不像你们,可以去现场看球,甚至可以上阵'杀敌'。"上海交通大学电机工程学会成立时,曹建猷提议:"创建一支足球队,与四川大学电机工程学会足球队一较高下,来个德比之战如何?"。据朱怀芳回忆:

> 他对国家大事、世界大事非常了解,而且有自己的见解,他对桥牌也很有研究,他编过桥牌的攻略,手写的,就是怎么打桥牌,怎么叫牌。他还喜欢看足球,据说也写过足球攻略,我知道他特别喜欢世界杯,所以曾经写过一副对联,对联的两个首字蕴含他的名字:健谈天下事,猷迷世界杯。他对世界杯非常迷恋,他把最精彩的那些场次都录下来,然后进行剪辑,这样可以回看。而且他喜欢猜测哪个队能赢。有一次我看到他和郭可詹教授在电话里讨论哪个队能赢。[①]

电 气 人

70 岁以后,曹建猷除了培养博士和履行院士、人大代表和学校学科评议组长的职责,不再担任课程和行政职务。但"归隐山林"、享受退休生

---

① 朱怀芳访谈,2017 年 9 月 17 日,成都。资料存于采集工程数据库。

活的曹建猷,每每会因为学生的邀约而"出山"。①

1990年,电气系学生会想办一个学生刊物,名叫《电气人》,想请曹建猷提刊名。当学生敲开曹建猷的家门跟他说明来意,曹建猷给他们拿出水果,说"你们坐一会儿,我给你们写",然后到书房一挥而就写好三个强劲有力的大字——电气人。现在"电气人"已经成为西南交通大学微信公众号的题名。

那么,电气人的特质是什么呢?第一是勇于担当。四川汶川大地震的时候,当时西南交通大学需要第一时间成立一个30人的抢险突击队,以国防生为主体,电气学院在30个突击队学生里面就有27个,这就是一种担当。其中一个叫郭晨阳的同学,他家就在都江堰,当时郭晨阳的爷爷和外公都埋在废墟里,他回去看了一眼就马上回来投入救灾工作。

第二是求真务实。从20世纪90年代到现在,中国的电气化铁路从四五千千米发展到现在的9万千米,哪里有电气化铁路,哪里就有电气学院的学生。可以说,西南交通大学电气学院的学生发挥了中流砥柱和不可替代的作用。②

第三是不断钻研。正如何其光所言"这种钻研精神是我在学校就感受到的教育和培养,并且一直在延续。后来在电气化方面解决的很多问题,都是靠钻研"。③

第四是团结互助。对此,曹立白的描述很形象,"我在接触网干了这么长时间,无论走到哪里都有电气化的学生,他们是我的知音,也是我的支撑,就好比我想游泳,在沙漠里是游不了的,因为周围没有游泳条件,但是海水里可以游泳,而且到处是浮力,我的感受是我走到哪里,无论是接触网组内还是接触网组外,走到哪里,走到铁科,走到运营单位,走到施工单位,总是有一帮人,他们就是接触网的浮力,能够支撑我非常顺利的干好工作"。④

---

① 罗乾超访谈,2019年10月10日,成都。资料存于采集工程数据库。
② 简克良访谈,2019年10月2日,成都。资料存于采集工程数据库。
③ 何其光访谈,2019年10月4日,广州。资料存于采集工程数据库。
④ 曹立白访谈,2017年10月26日,天津。资料存于采集工程数据库。

现如今，播撒在中国铁路电气化各条战线上的千千万万电气人，言及学院的培养和教育，仍津津乐道，总结下来有以下几个特点①。

第一是严格，对学生要求严格，老师对自己的要求也严格。据罗乾超回忆，当时林懿珍老师教电路分析，有个同学考了 59.5 分，就差 0.5 分，林老师就是没给他及格。平时老师对学生都很和善，在生活上关心关爱同学，但是在学习上却很严格，包括学生做毕业设计。因此，电气同学都知道，在专业成绩要考个 80 分以上真的很难。②

第二是灵活，这个灵活主要是指对学生培养上面的很多措施的多元化，很多老师投身于教学改革，做了很多有益的探索。老师在教学方面，特别是教学方法上不死板，灵活中不断创新。③

第三是理论与实践相结合。例如，学电力机车的，会到株洲电力机车厂去实习，一个车间一个车间地流转，从元器件到组装配件，一直到总装车间。老师做示范，学生动手去做。④

曹建猷的大儿子和女儿都是电气人。大儿子曹东白 1965 年从唐山铁道学院毕业，学电力铁道供电，毕业后分配到铁道部第三设计院。1974 年由于组织机制建制发生变化，他从铁道部第三设计院转到天津电气化设计院。1981 年考上留日预备生，1983 年作为教育部选拔的研修生，在日本东京大学研究生部研修两年，1985 年回国。先后任设计院副总工程师、总工程师、副院长，2003 年离开领导班子，但是继续工作到 2013 年 70 岁退休。曹东白参与设计了许多电气化铁路：国家第一条电气化铁路广元到成都的广成段，阳平关到安康的阳安段、石家庄到太原的石太线，他担任领导岗位后，主持和参与了京郑线、郑武线、广深线、大秦线……。退休后还主持了获得国家科学技术进步奖的京沪高速铁路。⑤

女儿曹立白 1946 年出生于美国，五岁半以后回到唐山。1965 年上清华大学电机系，1970 年到山西电机厂当技术员，1975 年到电气化工程局

---

① 陈维荣访谈，2019 年 10 月 2 日，成都。资料存于采集工程数据库。
② 林懿珍访谈，2019 年 10 月 9 日，成都。资料存于采集工程数据库。
③ 连级三访谈，2019 年 10 月 2 日，成都。资料存于采集工程数据库。
④ 钮小明访谈，2019 年 10 月 2 日，成都。资料存于采集工程数据库。
⑤ 曹东白访谈，2017 年 10 月 26 日，天津。资料存于采集工程数据库。

在天津电化处的接触网组，担任过技术员、助理工程师、工程师和高级工程师。2001年到法国阿尔斯通，与韩国的公司合作设计韩国的高速铁路，担任B段的接触网详细设计经理和技术总经理，负责设计施工跟供货。2005—2011年在德国保富铁路公司北京办事处当高级项目经理，参加了武汉到广州的高速铁路接触网的建设。①

图 10-2　1993 年曹建猷与孙子的合影

"桃李不言，下自成蹊"，曹建猷桃李满天下，与学生关系甚好。每每有学生返校，只要有机会，必会拜会曹建猷。1996年曹建猷80岁生日时，收到来自学校、电气化局、设计院、铁路局、计算机等领域的学生的祝福，他欣喜地说："看到大家都颇有成就，做老师的甚感欣慰。"

1994 年，77 岁的曹建猷在日记中写道：

> 1956年我预言，电气化将在我国发展，成为主要运输形式。托小平同志改革开放之福，在逐步实现了。从最初宝凤段92千米铁路，到去年，已有了7000千米。据说电流制已为国家节省了35个亿。不管怎样，我们在电流制问题上没有走弯路，这也是我对祖国的一点点贡献。目前《人物》杂志编辑要我题词，我从没有什么座右铭。他们三

---

① 曹立白访谈，2017 年 10 月 26 日，天津。资料存于采集工程数据库。

次登门，还专程从北京来，推脱难却。立时定稿，写上"一切为了祖国，为了祖国建设"。其实我平日想得最多的，还是诸葛亮那句"鞠躬尽瘁，死而后已"。①

图 10-3　1996 年西南交通大学 100 周年校庆时，曹建猷与唐山铁道学院老院长顾稀合影

图 10-4　1996 年西南交通大学百年校庆时 1965 届毕业返校学生合影（第一排左六为曹建猷）

---

① 曹建猷：《七十七年自述》，未刊稿。资料存于采集工程数据库。

硕果正逢春

1997年9月19日，曹建猷因病医治无效，在成都华西医科大学附属第一医院逝世，享年80岁。国家教委、铁道部、四川省等有关单位及其生前好友、同事、学生等发来唁电200余封。

遵照曹建猷的遗嘱，家人把他的骨灰撒在了中国第一条电气化铁路——宝成铁路宝凤段，当电力机车动力十足地爬升在坡度为0.3%的青石崖，风中飘散开的是一位忧国忧民、奉献毕生在中国铁路电气化事业，拥有崇高爱国主义信念和共产主义信仰的中国知识分子的风骨和情怀！

图 10-5　青石崖

2016年5月，适逢曹建猷院士百年诞辰，西南交通大学犀浦校区电气馆前的草坪上，为缅怀他的辉煌成就，弘扬其爱国、爱校的情怀，西南交通大学为曹建猷院士树立铜像。

窥一斑而知全豹。也许我们可以从中铁第一勘察设计院的成绩单看出，曹建猷开创的中国电气化事业中，电气人如何一代代奔赴祖国铁路电气化战线，谱写中国铁路电气化的壮阔蓝图的。

中铁第一勘察设计院（简称铁一院）的前身铁道部第一勘察设计院成

图 10-6　2016年5月14日，曹建猷教授铜像揭幕仪式在犀浦校区电气馆前举行（左一王顺洪，右二潘启敬，右一贺威俊）

第十章　鞠躬尽瘁

立于1953年，1954年起即开展了铁路电气化的设计工作，在苏联专家的协助下，开始了中国第一条电气化铁路宝成线宝凤段的设计，开始采用直流制式。1956年成立动力电化科，同年铁道部为集中管理电气化专业技术人员，将铁一院电化专业技术人员调至铁三院；1959年成立电气动力处，进行陇海线宝天段、天兰段、兰新线兰张段电气化初步设计及部分施工设计，1963年该处撤销；1978年，组建电气化设计队，同年成立电气化设计处。到2021年为止，铁一院电化处已发展成为涵盖牵引供电、牵引变电所、接触网、供电段、电化结构和电力六个子专业的勘察设计团队，不但具有铁路电力及电气化工程勘察设计能力，还具有城市轨道交通牵引供电系统及动力照明系统的供配电，石油化工区和油气管道电磁防护工程，330千伏及以下输变电工程，工业与民用建筑电气的勘察设计、咨询及监理的能力。

铁一院电气人，不仅参与设计完成了我国第一条电气化铁路——宝成铁路，开创了中国电气化铁路建设的先河，而且设计完成了第一条沙漠电气化铁路、第一条高原电气化铁路等一批在中国铁路电气化史上的标志性工程，先后设计的电气化铁路有——陇海宝天段、天兰段、洛孟段、兰新线兰武段、阳安线、襄渝线、干武线、侯月线、宝中线、包兰线、新月线、西康线、西南线、兰新线武张段、大包线、迁曹线、包西线、兰青线、青藏线西格段、精伊霍线、南疆线、兰新线嘉乌段、乌阿线等数十条干线电气化铁路，还承担了阿根廷、沙特等国外普速和高速电气化铁路设计项目。

在天兰段电气化技术改造设计中，第一次采用牵引变电所电容补偿装置，并在接触网设计中采用了简单链形悬挂，解决了小半径线路、低净空隧道的接触网安装问题，"低净空隧道接触网简单悬挂""接触网BT、AT全补偿简单链形悬挂"获国家标准设计金奖；在陇海线洛孟段、新丰镇编组站电气化改造工程中，利用日元贷款从日本、英国、南斯拉夫等国家引进设备，吸收、消化国外先进技术，采用了国外先进的微机控制远动装置，实现了牵引变电所、分区亭、开闭所的远方监控；在兰武段电气化改造设计中成功解决了高海拔地区的绝缘配合问题，采用"人"字形接触网悬挂方式，解决了低净空隧道接触网悬挂难题，并与西南交通大学联合研制了第一套国产微机远动装置。另外，还联合研制了高原型 27.5 千伏真空断路器及铁路电气化专用的 27.5 千伏单相户外密集型电容器，研究解决了电气化铁路穿越大型石油化工区的防护问题。

在宝中线首次采用 27.5 千伏两线一轨电力贯通供电方式，研究采用了新型防腐性能好的接触网零件，提高了外部绝缘水平，采用了微机接触网故障探测仪和微机保护技术，实现了电气化铁路在安全可靠性方面上台阶，达到了可靠性高、少维修的目的；在侯月线 AT 供电单线隧道内首次采用 27.5 千伏架空绝缘交联电缆作正馈线的供电方式，并在二期工程中增加双线"V"停反行设计，开关采用分散布置方式，各站设"V"停控制盘，以无线方式控制各开关，并纳入远动系统；在包兰线石兰段电气化改造设计中，首次采用接触网 3 吨系额定张力（接触线 1.3 吨，承力索 1.7 吨），BT 及直供加回流供电方式下链形悬挂形式及回流线对钢筋混凝土接触网杆不绝缘悬挂并兼作地线的闪络接触方式，在进行沙漠基础试验研究的基础上，在沙漠铁路路基上栽立接触网杆，首次建成了国内第一条沙漠电气化铁路；在西康线进行了秦岭特长隧道圆形断面隧道接触网下锚技术试验，并取得成功。

在西南线完成了 CAD 一体化的先导性试验及"铁路电气化 CAD 软件包"的牵引供电给定运量法计算模块及接触网专业区间平面设计的软件开发编制工作，并成功应用，开全路采用计算机 CAD 勘测设计一体化之先河；在青藏线为科学合理确定青藏线 4000 米以上的隧道净空，研究完成了"青藏铁路隧道净空绝缘试验研究"课题，确定了海拔 4000 米以上隧道预留电气化条件的限界尺寸，为电气化铁路进入高原奠定了基础；在宝兰二线开展了"铁路电气化牵引供电综合自动化技术"和"铁路电气化刚性悬挂接触网研制"的工作，并成功开通运营，填补了国内电气化铁路刚性悬挂的空白；在兰武二线乌鞘岭隧道（长 20.5 千米）的设计中，开展了"160 千米/时乌鞘岭隧道接触网悬挂方式研究——刚性接触网"的研究，大大提高了隧道内接触网的安全性和可靠性，并极大降低了维护工作量。

在昆明铁路集装箱中心站工程设计中，开展了电气化铁路移动接触网及防护系统的研究，使电力机车可直接进出装卸线，从根本上改变了采用内燃调机的作业方式，极大地提高了作业效率；在兰新线嘉乌电化工程中开展了"强风地区电气化铁路接触网防风技术研究"，其成果已用于设计中，提高了接触网的安全性；在哈大客运专线设计中开展了"接触网防（融）冰技术研究"，为接触网防灾设计和铁路安全运营提供了保障；在郑西客运专线开展了"330千伏AT铁路牵引变压器研制"工作，为高速重载铁路采用超高压、高可靠性电源作出了典范。正如中铁第一勘察设计院的电化处总工程师宫衍圣所言：

> 薪火相传，事业永继。世界各国铁路发展的实践证明，和其他牵引方式相比，电气化铁路"多拉快跑污染小"的特点在运输事业中已显示出无可比拟的优越性，铁路电气化不仅是提高铁路运输能力、改进铁路运营的最有效途径，也是合理利用资源、保护生态环境的最佳选择。随着我国经济高速发展，电气化铁路已遍及祖国各地，全国电气化铁路通车里程已近8万千米，电气化铁路未来的发展天地广阔。作为电气化铁路建设的实践者，需要我们继承和弘扬曹院士的理论及其精神，为铁路电气化的发展竭尽全力。既要积极发挥曹院士开拓的25千伏工频交流供电制式带给我们优越性，同时也要积极面对系统的不对称性产生的负序问题、非线性谐波引起电压波形畸变问题、冲击性引起电压波动等问题，以高度的责任感研究改善铁路电气化系统对公网所带来的不良影响，克服电磁污染和噪声干扰对人体健康的影响。在工作中不断创新、不断探索，寻求解决问题的最佳方法，促进铁路电气化事业的和谐健康发展。这既是对曹院士最好的怀念，更是对他未竟事业最好的传承。[①]

曹建猷的博士研究生李群湛指出，正是因为曹老一开始就给电机系

---

① 《曹建猷院士纪念文集》编委会：《筚路蓝缕 桃李春风——曹建猷院士纪念文集》。成都：西南交通大学出版社，2009年，第203-208页。

（后来的电气学院）树立了世界一流的标准，因此所有的电气人都会自觉不自觉地这样要求自己，沿着曹老指引的路，以国家发展和"一带一路"需求为牵引，再接再厉，力争更多的中国创造，力争更多的世界第一[1]。

的确，曹建猷从无到有开辟的中国铁路电气化事业"花果正逢春"。2017年，中国电气化铁路里程达8.7万千米，电气化率达68.2%；经过60年的努力，中国电气化铁路成功走出了一条从无到有、从低吨位到重载、从普速到高速的探索创新之路；通过原始创新、集成创新和消化吸收再创新，中国电气化铁路不仅总里程跃升世界第一，在技术水平和建设质量上也达到世界领先水平。

20世纪60年代初建成开通的宝成铁路宝凤段，结束了中国没有电气化铁路的历史；80年代建成开通的大秦电气化铁路，现在年运量已经突破4亿吨，可开行2万吨单元重载列车，成为世界运能最高的重载铁路；2011年建成开通的京沪高铁，是当今世界最先进的高速铁路；已经建成的京张高铁，正成为世界高铁发展水平的新坐标。时至今日，中国电气化铁路技术标准和装备水平大幅提升，形成了一大批具有自主知识产权和技术创新成果，高速铁路、既有线提速、高原铁路、高寒铁路、重载铁路等技术均达到世界先进水平，而中国高速铁路总里程已达2.5万千米，超过世界其他国家的总和，已经成为中国一张亮丽的名片。[2]

电气化牵引供电系统是高速铁路的核心技术之一。以300千米以上时速安全运营的京津城际、武广、京沪等高铁，经过了最高运营试验速度和高密度车流、长时间运营的考验，性能稳定可靠。世界第一条高寒地区高速铁路——哈大高铁的正式开通运营，则是对我国高速电气化铁路技术水平的最新检验。目前，我国已经全面掌握了350~380千米/时电气化铁路设计、施工、运营技术体系，构筑起了具有完全自主知识产权的中国高速

---

[1] 李群湛访谈，2019年10月2日，成都。资料存于采集工程数据库。
[2] 中国交通新闻网：中国铁路电气化60周年庆。https://www.zgjtb.com/2018-09/26/content_213127.htm，2018-9-26.

铁路牵引供电技术体系平台，跻身世界高铁技术前列。

曹建猷院士若泉下有知，应该含笑九泉，说不定还会哼唱起他和王安在美国观赏歌剧里的唱段：

Oh, what a beautiful morning

Oh, what a beautiful day —

I have a wonderful feeling:

Everything's going my way.

结 语

曹建猷是中国铁路电气化的奠基人，铁路电气化工程技术专家、教育家，铁道牵引电气化与自动化学科创始人。他长期从事铁路电气化与计算机科学的教学和研究，为我国铁路电气化建设培养了大批技术骨干，在我国铁路电气化采用"单相工频交流电压制"决策和牵引供电系统的理论研究上作出了突出贡献。

曹建猷的一生，是勇于担当，为中国特色社会主义事业奋斗的一生；是无私奉献，不断开创中国铁路电气化事业新局面的一生；是自强不息，为中国铁路电气化培养建设者和接班人的一生。曹建猷是热爱祖国、热爱学校、热爱教育的典范，是中国传统知识分子在推动中国现代化进程、实现站起来、强起来和富起来的强国道路上知行合一、开拓创新的典范。

曹建猷的成功不是偶然的，是还原到历史语境中主客观多个因素共同作用的结果。

第一，拥有务实严谨的态度。"求真务实"是曹建猷一贯的态度，从"实践是检验真理的唯一标准"的哲学思考，到科研教学实践，特别是各种现场教学和现场实践，曹建猷总是能把抽象的理论与具体的现实结合起来。关于电网"负序"的研究，是从宝凤段修建开始就一直困扰着电网运营方的难题，曹建猷结合多次现场调研和实验研究，提出一个简易的检验负序值的方法。

"过细"是曹建猷的口头禅,也是他一辈子"务实严谨"态度的写照。从他一个字、一个字地蜡版刻印教材到去印刷厂亲自监督印刷;从他在计算机房逐一研究代码和编程到要求研究生必须学会打字;从他要求学生书写工整到进行各种现场教学中公式演算,曹建猷都是一丝不苟,绝不马虎。他曾告诫白家棣,绝对不能一只手拿仪表,否则容易不小心摔碎,必须要用两只手,这应该养成基本习惯。而且看仪表必须是指针跟下面的影子呈一条线,一定要正着看①。

在培育学生的过程中,处处渗透了曹建猷的心血。无论是课程学习、论文选题,还是对论文课题内容的深入研究,他都认真对待、细心指导。往往为了完成一项工作,他可以一整天都坐在书桌前。在峨眉的那段时间,大家都知道,曹建猷的书房常常深夜还亮着灯。

第二,拥有独立思考的能力。强调独立思考的能力,是曹建猷不断创新和开拓进取的源动力,也是他对学生和研究者的一贯要求。曹建猷对待人才大公无私、开诚布公,从不藏门户之见;对学术上新的思想和见解,他总是热情地给予指导和鼓励,并鼎力相助、创造条件,使其尽快成长;看到年轻教师的成就,他总是如获珍宝,喜形于色。

在峨眉的那段时间,曹建猷常组织青年教师座谈,鼓励大家各抒己见,畅所欲言。1986年,李群湛准备开设新课《电力系统可靠性原理》,曹建猷时常给予督促、指导,不厌其烦,并鼓励他勇于怀疑,大胆创新。开讲之前,曹建猷检查李群湛准备的讲义,发现不仅博采众长,更不乏新颖独到的见解,其中对学术权威之质疑,有理有据,入木三分,非常欣赏。曹建猷的肯定和赞许,支撑李群湛在学术路上不断有斩获,从白手起家到几部专著相继问世,独立思考也给了李群湛源源不断的灵感和动力。

第三,拥有。曹建猷人生道路上曾经有三次重要的选择:第一次大学毕业,他因为要培育中国的工程师,选择到昆明西南联合大学从事大学教

---

① 白家棣访谈,2017年8月20日,成都。资料存于采集工程数据库。

育，而放弃了待在繁华城市成为一名收入不错的工程师；第二次，从美国留学回来，他认定"交通强国"，没有去自己的母校上海交通大学作一名教师，而是选择了唐山工学院；第三次，在全国12年科学规划会议上，他本可以选择去自己本科的领域自动化组或者自己博士论文研究的领域核科学组，却毅然投身到一个对自己和对新中国都是崭新的领域——铁路电气化。对于这三次选择，曹建猷也是津津乐道，晚年提及此事，他常说"因为这是新天地大有可为；因为这是国家发展的需要，必有可为"。唐山工学院后来改名为唐山铁道学院，隶属铁道部直管高校，作为中国铁路发展最重要的智库来源和人力资本来源，直接参与了中国铁路电气化发展技术规范的制定和各种技术难题的攻克。所以，曹建猷依托拥有悠久历史的老唐山工学院，成为铁道部决策和发展咨询的首席专家，这反过来为曹建猷施展才能和实现"报效祖国"的愿望提供了平台。

在新中国刚刚开始建设，学习苏联时期，曹建猷没有盲从盲信，他主张中国的电气化铁路应该实施全世界领先水平的单相工频交流制。可不可以做、谁来做和怎么做，对于所有的人来说都是空白。曹建猷经过各种评估和技术、经济比较，更重要的是他预见到了中国电气化铁路大发展的未来。在所有人都还处于备战备荒思维来考虑问题的时候，他就在《人民日报》上为新中国的铁路发展描绘了美好的愿景和远景。

对于专业和学科建设，曹建猷也有敏锐的直觉。20世纪50年代，他取消了铁道动力专业，提出电气运输专业的毕业生足以担当"动力"工作；1959年，借助政治运动，有人以毕业生过剩为由，提出停招电气运输专业学生，他又据理力争保住了这个专业，从而为"文化大革命"后中国电气化铁路的大飞跃储备了足够的专业人才。1960年，他敏锐看到计算机发展前景，使计算机成为那一时期学科新专业中真正值得保存的力量。1978年，他又借助改革开放的春风，二办计算机专业，在峨眉校区建立了我国西南地区最早的计算中心。

第四，拥有坚忍不拔的意志。"三军可夺帅也，匹夫不可夺志也"，曹建猷的骨子里流淌着湖南人的倔强和坚韧。"一方水土养育一方人"，湖南地处内陆，三面环山，一面临湖。古称"四塞之国"，因而民性倔强。宋元以来经过几次移民，吸纳了苗族、瑶族、侗族的强韧和刻苦耐劳的习性，逐渐发展出近代以来湖南人所独具的质朴笃实、勇于任事、锐意进取和刚劲尚气。

无论是科学研究还是专业设置，无论是交流制式还是职称评审，曹建猷一旦认准，就会坚持。在少年时代，他攻克自己古文的短板；在美国求学，他要求提前结束研究生学习，直接攻读博士；在选择博士阶段的研究方向时，他坚定自己学习前沿科学的决定，潜心研究高能离子加速器；在是内燃还是电力，是交流还是直流的中国铁路发展的数次争论中，他总是咬定青山不放松，坚持自己的主张；在选定沈志云方案作为国家重点实验室申报时，他不断化解来自电气、机械传统强势学科的各种压力和挑战；在坚持让靳藩出国留学、留下钱清泉在远动团队以及每一届留下他认为的好苗子时，他都耐心说服和不断克服问题。

但坚韧不拔并不意味着缺乏灵活性。学生何其光不服被"留级"，曹建猷既让他过关，也警示他要踏实学习。在教学、实践和科研环节，曹建猷都虚心学习，立足实践。在宝凤段通车前夕，他通过与工人师傅交谈，知道可以通过擦拭绝缘子这种"土办法"来解决导电问题，便立即实施并取得成功。他在指导研究生时，经常根据研究生自己的兴趣爱好和特长来进行启发引导。

第五，拥有乐观豁达的性格。"性格决定命运"。曹建猷的成功与其性格中的开朗、豁达、洒脱和幽默有莫大的关系。无论遇到什么样的挫折和逆境，曹建猷的口头禅都是"人在哪里都可以生活"。他会在各种情境中寻找积极因素，乐观积极地看待事情和解决问题。"文化大革命"过去数年，谈及那段不堪回首的往事，曹建猷常戏称"感谢那段时间的'改造'，它至少带给我两样东西：劳动观念和群众意识"，继而一笑置之。而他的幽默也是大家津津乐道的。一次在峨眉，他向女儿吹嘘自己的桥牌技艺如何了得，女儿曹立白嘲讽道"你肯定是在吹牛，你是吹牛大王！"曹建猷马上笑着说"不对，不是吹牛大王，是大王在吹牛！"。[①]

[①] 曹立白访谈，2017 年 10 月 26 日，天津。资料存于采集工程数据库。

乐观豁达，让曹建猷没有在政治风暴中沉沦；幽默洒脱，化解了他的某种刚硬和霸蛮。进则儒，退则道，顺境时可以积极进取、建功立业，逆境时也可以退守田园，坚守内心。曹建猷性格中的"儒道共生"，让他可以"胜不骄，败不馁"。即使在"文化大革命"时期，他忽然失去爱妻，每天被迫劳动改造，还时不时被拉出去游街，他都默默擦干眼泪，宽慰自己一切乱象都会过去，未来会拨乱反正的。这种对未来始终保有的乐观态度，让曹建猷不会自怨自艾，不会怨天尤人，反而使他在挫折中越发强大。他这种达观和超脱也影响了身边的许多人。在峨眉时期条件艰苦，很多人不愿意留下来当教师，但每每去找曹建猷说理陈情的时候，都被他本身的人格魅力折服，不再提出离开的诉求，而是踏踏实实留下来，成为科研教学的中坚力量。

第六，拥有强烈的爱国主义信念。曹建猷的父亲曹武早年加入同盟会，是早期革命党人；其姑姑曹孟君与丁玲相熟，也是长沙早期的革命人物，中华人民共和国成立后，曹孟君被任命政务院参事，担任全国妇联书记处书记；其姐姐曹再春也是早年就加入了中国共产党。应该说在其家庭氛围中，培育了他"振兴我中华"的家国情怀。早在岳云中学时期，他就受到校长何炳麟的精神感召，发出"少年强则中国强"的喟叹。自近代以来，在中华民族抵御外族侵略、重建民族自信心和自尊心的壮阔征程中，爱国主义始终是凝魂聚气、攻坚克难的强大精神力量。曹建猷在上海交通大学就积极参加"一社"，立下科教救国、实业兴邦之夙愿。大学毕业他在日本侵华战争的硝烟中辗转来到西南联合大学，考取公费留学的时候也是打定主意要回来"报效祖国"。

"只有精忠能报国，更无乐土可为家"，曹建猷的爱国是一种自觉，是最为深刻的自觉。于曹建猷而言，对祖国的爱亦如对母亲的爱，是一种天然有之的朴素情感，是不需要任何客观理由的自觉的爱。"王师北定中原日，家祭无忘告乃翁"，爱国诗人陆游生死离别之际唯一牵挂的是"王师"何时北定中原，这就是爱国的自觉。曹建猷最喜欢岳飞的《满江红》，每每颂及"莫等闲、白了少年头，空悲切"，就会情不自禁，几近哽咽。

"只解沙场为国死，何须马革裹尸还"，曹建猷的爱国体现是一份无可推卸的责任。人是一切社会关系的总和，只有敢于把各种关系中的责任扛在肩上的人，才能营造有品质的社会关系，拥有内心充盈的精神生活，书写光明璀璨的人生华章。曹建猷排除万难从美国学成归国，在中国还没有一寸电气化铁路的时候，就投身中国铁路电气化事业，为单相工频交流制奔走呼号，为培育铁路电气化人才披肝沥胆、呕心沥血。

"繁霜尽是心头血，洒向千峰秋叶丹"，曹建猷的爱国也是一种情怀。在中华民族几千年的历史长河中，无数仁人志士正是在家国情怀的感召之下而立不世之功、而成千秋伟业、而创万古传奇。也正是爱国情怀的濡养，使曹建猷有一种不断自我超越和自我更新的力量，使他能够力排众议，坚持己见；能够高瞻远瞩、谋篇布局。可以说他始终没有停止自己前进的步伐，"报效祖国"一直是他的诗和远方。

"为有牺牲多壮志，敢教日月换新天"，曹建猷的爱国是一种力量。爱国的力量方如有源之水，流之不竭。科学家、技术专家和教育家曹建猷，一辈子都在致力于一件事，就是将中国建设成为铁路电气化强国。爱国的力量是精神的强力之表现，即使"文化大革命"时期，他被扣上"反动学术权威"的帽子，即使政治运动使他失去了爱妻，曹建猷仍然依靠爱国的信念，坚守自我、渡过难关。

曹建猷的成功是中国强国之路大背景下中国传统知识分子爱国情怀的实现；是中国传统知识分子"先天下之忧而忧，后天下之乐而乐"的人生观的体现；是历史与机遇的交错；是古代传承与现代创新的碰撞。

早在 1959 年，"四十不惑"的曹建猷就坦言，自己努力做的就是"为中国铁路电气化开一个好头"，纵观其一生，斯言诚哉。

附录一 曹建猷年表

1917 年
5 月 19 日，出生于湖南省长沙县槊梨镇廖家垅。父亲曹武，字绍德。母亲胡英苹，兄曹国权，姐曹青云（再春）。

1923 年
9 月，入长沙市崇实女校附小学习，没多久便转入小坟山小学。

1924 年
9 月，在湖北汉口道生学校（教会小学）读小学。

1925 年
暑期，父母离异，母亲将其接回湖南长沙。

1926 年
2 月，在湖南长沙楚怡小学读书（之前曾停学半年），住校。

1927 年

2—7 月，在长沙榔梨市梨江小学读书。

9 月，在榔梨市长沙县立第二高级小学读书。

是年，父亲在湖北汉口病故，终年 43 岁。

1929 年

8 月，在长沙私立岳云中学读书。

1932 年

是年，母亲改嫁继父周之武，称"武叔"。继父为大地主。

1933 年

9 月，就读于湖南长沙岳云中学高十三班。

1936 年

2 月，长沙岳云中学停学。在南京的姑姑家备考大学。

9 月，考入上海交通大学电机工程系。

1937 年

暑假，参加大学生军训。

1939 年

暑期，由同学吴天霖、秦宝同介绍，在上海交通大学加入建设事业励进社。在这里，认识了后来的妻子姚晳明。该社于 1951 年停止活动。

1940 年

7 月，上海交通大学电机工程系毕业，获工学学士学位。毕业后在昆明西南联合大学工学院当助教，讲授电力传输、电工实验等课。

1942 年

夏，到广西桂林迎接姚晢明来昆明。

是年，与同为上海交通大学电机系毕业的姚晢明结为伉俪。

1943 年

夏，参加清华第六届庚款留美考试。

8 月，继续在昆明西南联合大学工学院任教，升为教员。

是年，与章名涛合作，撰写论文《多相交流整流电动机对于增加调整感应电动机之功率因数及速度之应用》。

是年，担任"一社"滇区干事一年多。曾两次被选为该社监事。

1944 年

是年，留美考试发榜，被录取。按规定，继续在原单位服务，等待信息。

是年，动员爱人姚晢明报名参加教育部举办的第一届公费留学考试。

1945 年

年初，留学考试发榜，爱人姚晢明考取留美研究生，入美国麻省理工学院攻读研究生。

6 月 12 日，与杨振宁、张建侯等 16 名同学就出国问题向梅贻琦校长联名送上《呈请书》，要求西南联合大学指派专员办理出国手续，并要求对船位、费用、服装等问题给予答复。

8 月，经过多方争取，留学行期终于落实，于本月与爱人姚晢明动身，乘飞机经印度乘船到美国入学。

11 月，到达美国，夫妻同入美国麻省理工学院电机工程系攻读研究生。在美期间使用英文名 Tsao，Chien-You（Tsao，C.Y.）。

1946 年

暑期后，由于成绩优异，被破格准予直接读麻省理工学院博士学位。

1947 年

8 月，任麻省理工学院电机系兼职讲师，至 1950 年 9 月。

年底，通过博士学位考试。

1948 年

1 月 12 日，夫妇俩致信同在美国的吴仲华夫妇，互致问候，畅谈学习、生活感想。

暑假，在物理学教授 A.A.Getting 的指导下，研究同步加速器的电子束聚焦问题。

1949 年

上半年，完成同步加速器的电子束聚焦实验研究任务，余下理论计算部分尚未全部完成。

7 月，中国人民革命军事委员会铁道部接管国立唐山工学院，创建电机系，设置电机工程专业，含电力组（发电厂与动力专业）、电讯组（通讯专业）。另有两年制铁路信号、铁路通讯专修科。本年开始招生，招收本科生 30 余人。

9 月，受聘纽约市立学院外聘讲师，至 1951 年 6 月。

是年，在美国《物理评论》杂志发表论文《同步加速器调相前的电磁过渡过程》。

1950 年

8 月，中国交通大学更名北方交通大学，由铁道部领导，下设唐山工学院、北京管理学院。

9 月，博士论文《同步加速器的回旋加速器特性》通过答辩，获美国麻省理工学院科学博士学位。在美国麻省理工学院兼任讲师。

6—9 月，在美国麻省理工学院任讲师。

年底，决定提前回国，联系办理回国事宜。

1951 年

6 月，在美国乘坐"克利夫兰"总统号轮船，携妻女举家回国。7 月 17 日，抵达广州。

8 月 5 日，经北方交通大学唐山工学院电机系任朗教授介绍，受唐振绪、顾稀院长的邀请，到该校任教，受聘电机工程系教授，爱人姚皙明受聘该系副教授。

10 月 12 日，在唐山加入中国铁路工会。

1952 年

4 月，根据铁道部指示，电机系设置电气运输专业，培养铁路电气化与电力机车方向的专门人才。为我国第一个该类专业，并从当年开始招生。原电力、电讯两专业停止招生。

5 月 21 日，奉北方交通大学校部批复同意，兼代电机系主任，同时兼任供电教研室主任。

5 月 24 日，铁道部部长滕代远通知唐山工学院：北方交通大学校部自 5 月 15 日起撤销；唐山工学院改名为唐山铁道学院，改属铁道部直接领导。

1953 年

6 月 3 日，在唐山铁道学院校报《新唐院》发表文章《从〈实践论〉的学习联系到教学问题》。

7 月，唐山铁道学院电力运输专业改名为电气运输专业。电机系名改为电气运输系，设电气运输、铁道运输动力两个专业。

11 月，铁道部决定宝成线宝凤段采用电力牵引，由西北设计分局负责设计，开始直流 3 千伏电气化铁路初步设计。

1954 年

暑期，带领学生到株洲白石港实习，在那里待了 7 周。

12 月 31 日，在唐山铁道学院校报《新唐院》发表文章《新的一年有更多的工作要做》。

1955 年

2月，唐山铁道学院院务委员会进行扩大改组，当选为新的院务委员会委员。

3月，由西北设计分局组团赴苏联考察鉴定宝凤段直流电气化初步设计文件。

4月，在唐山铁道学院第一次教学及科学研究会议上，宣读论文《我国电力铁道应该采用何种电流制》，提出应采用单相工频交流制。论文随后发表在《唐山铁道学院第一次教学及科学会议电机系科学报告会报告集》上。该论文引起了铁道部的高度重视。

暑期，带领学生到天津实习。

8月，为帮助我国进行电气化铁路设计，铁道部聘请苏联4位专家到设计院工作。

9月，第一设计院（原西北设计分局）成立动力电化科，负责电气化铁路设计工作。

是年，铁道部部长滕代远宣布，将在宝成铁路宝凤段建设电气化铁路（按25千伏单相工频交流电）试验段。

1956 年

3—7月，受国务院邀请，参加我国科学技术发展12年规划的制订工作，为交通组铁道电气化学科成员。

5月，参与建立并指导铁道科学研究院电气化铁道研究组，开展我国电气化铁路电流制与电压标准等有关技术问题的研究。

6月15日，参加铁道科学规划小组的工作，审查修改全国铁道科学研究工作长远规划及1957年科学研究计划，草拟实现规划的各种措施等。为机务规划组成员。7月中旬完成。

7月5日，结束国务院科学技术发展12年规划的制订工作，撰写《参加全国科学规划中的几点收获》一文，作为向国务院科学规划委员会技术科学部党支部的总结汇报。

7月，唐山铁道学院第一批招收的电气运输专业学生在兰州第一设计院进行宝凤段电气化铁路交流电毕业设计。至此，我国第一个电气运输专业全部开展了教学计划规定的授课内容，完成了各种教学环节。

8月21日，参加全国铁道科学工作会议，并提交论文《我国铁道电气化的途径和发展远景》，其简要内容后来在《人民日报》上发表。该论文次年2月在《1956年全国铁道科学工作会议论文报告丛刊（2）：我国铁路电气化的研究》上发表。

8月，苏联列宁格勒铁道学院供电专家库金副教授到唐山铁道学院电机系讲学，并帮助培养研究生。为期一学年。

8月，所译《电力铁道供电》（苏）专业课教材由人民铁道出版社出版。

9月，开始指导硕士研究生。共2人，为周西德、林懿珍。

电气运输专业本年共招收研究生7名，1958年毕业5名。

9月，经教育部批准，被聘为国家二级教授。

9月，铁道部决定将中铁第一勘察设计院电化科与中铁第三勘察设计院电化科合并，在天津第三设计院成立电化设计处，继续进行宝凤段电气化设计。

10月8日，在学校举行的报告会上，传达《全国科学规划（初稿）》。全校教师、研究生参加。

10月，参加铁道部科技大会，在大会上作了题为《我国铁路电气化的途径和发展远景》的报告。

11月25日，在《人民日报》发表《我国铁路电气化的途径》一文，并由《新华半月刊》同年第24期转载。文章对当时国内外争论不休的"交流制"和"直流制"提出了肯定的论据与建议，被铁道部采用。1957年经国家正式批准，采用工频交流制。这一标准也适合发展我国高速及重载列车牵引的需要。

12月，电气运输系更名为电机系；电气运输专业改为铁道电气化。

是年，中国电机工程学会成立，任常务理事、唐山分会理事长。

自本年起，与铁道部副部长石志仁及程孝刚等专家共同探讨，结合实际考察，集思广益，形成我国牵引动力发展方向的指导原则。

1957 年

1 月，铁道部决定将 25 千伏工频单相交流制列为国家标准，宝凤段也改用交流制重新设计。

2—4 月，参加中国铁路电气化考察团，任副团长，赴苏联、波兰、捷克、匈牙利等国考察电气化铁路和电力机车制造。

5 月 11 日，在唐山铁道学院召开的第二次科学讨论会上，作了《莫斯科铁道电气化会议》的报告。

6 月，铁道部通信信号工程公司成立电化科，筹备电气化施工工作。

8 月，铁道部根据国内专家建议和科学论证，决定我国电气化铁路电流电压制式采用单频工相交流 25 千伏。

9 月，宝凤段电气化铁路按新确定的电流电压制式开始重新进行初步设计。

9 月，苏联莫斯科电力机车车辆专家扎哈尔钦科到唐山铁道学院电机系讲学，为期半年。

是年，编写了电力机车车辆电气装备牵引电动机的教材。

从 1957 年开始，铁道部加快了铁路电气化的步伐，首先成立了由主管副部长挂帅的部电气化领导小组，统一研究部署铁路电气化的布局、施工运营的技术与组织机构准备，以及与铁道部部门以外中央有关部门（电力、邮电通讯等）的协调，等等。曹教授被聘为领导小组成员。

1958 年

2 月，在国务院科学规划委员会交通运输组公布的 1958 年重点研究项目说明书中，其被任命为"铁路电气化"项目负责人。

3 月，铁道部组团赴苏联对宝凤段交流电气化设计进行鉴定。

4 月 4 日，校报发表"致系主任曹建猷教授"的大字报。

5 月 31 日，在全院师生员工大会上发言，题为"把心交给党，把知识交给人民"。

6 月，我国第一条电气化铁路——宝成铁路电气化工程宝鸡—凤州段开工。

9月8日，参加铁道部机务局在北京召开的"讨论我国自制第二批电力机车条件会议"。

秋，参加在北京举行的全国科协代表会议。

是年，主持建立唐山铁道学院电气化自动化研究所，这是全铁路高校系统的第一个研究所。

是年，领导供电教研室开展"电气化铁道供电系统无接点综合远动装置"研究。

是年，翻译苏联教材《电力铁道的供电》，并于年内出版。

1959 年

5月2日，唐山铁道学院举行纪念五四运动40周年及欢送下放干部大会。作为电机系主任在会上汇报了电机系、机械系教育革命情况。

5月9日，在全校教职工大会上发言，阐述电机系教育计划修订工作。

5月，环形铁道试验线电气化在北京朝阳区东北部建成并投入使用。

8月5日，经铁道部批准，唐山铁道学院实行党委领导下的院务委员会负责制的领导体制。经呈报上级批准，任院务委员会常务委员。

9月7日，唐山铁道学院公布各系行政干部名单，其为电机系主任。

9月30日，在校报《新唐院》发表文章《电机系十年来的发展》。

是年，受铁道部委托，主持了一个由有关单位人员组成的研究组，对我国四条铁路干线采用两种电压制进行了比较，根据比较结果，写成研究报告《我国电气化铁路接触网的额定电压问题》。铁道部采纳了研究组的意见。

是年，电气运输专业学习苏联，在高年级（电55级）划分为两个专门化。

1960 年

1月，唐山铁道学院电气运输系新设置无线电电子学、铁道自动化、计算技术专业前沿性新专业。亲自讲授电力模拟计算机课。

3月2日，学校成立庆祝唐山复校55周年筹备委员会，为筹备委员会委员。

4—5月，参加我国第一条交流电气化铁路（宝鸡—凤州区段）举行的通电试验和开通典礼，被铁道部任命为通电试验领导小组副组长兼通电试验技术组组长。

10月，唐山铁道学院被遴选为全国重点院校。

是年，与贺威俊合作出版《牵引变电所》一书，由人民铁道出版社出版。

1961年

8月15日，我国第一条电气化铁路——宝成线宝鸡—凤州段正式通车运营，揭开了中国电气化铁路建设的序幕。

是年，将电气运输专业重新划分为电力机车和电力铁道供电两个专业，从而奠定了我国铁道电气化和电力牵引传动控制专业教育的基础。几十年来，这两个专业为我国铁道电气化和电力机车制造、运营培养了大量工程技术骨干和专家。

1962年

4月10日，参加唐山市召开的知识分子座谈会。

4月19日，经铁道部批准，成为唐山铁道学院第二届院务委员会委员。

7月，在全国专业调整中，设立不久的无线电电子学、计算技术及铁道自动化与远动化等专业停办。新招学生分散到本系其他专业，毕业班至年底毕业。

9月20日，唐山铁道学院成立学报编辑委员会，为副主任委员。

11月8日，为了有计划地进行教材建设，提高教材质量，铁路系统高校按专业类别成立了10个教材编审委员会。铁道部聘其为电力机车及电力铁道供电专业教材编审委员会主任委员。

11月9日，为电1959年级、电1960年级全体同学作了关于《如何掌握学习方法》的报告。

是年，著有《电子计算机原理及应用》一书。

1963 年

1 月，唐山铁道学院第一届计算技术、无线电电子学专业本科生 79 人毕业，离校走上工作岗位。学习时间 4 年半。该届学生毕业后，该专业即停办。

10 月 6—15 日，铁道部全路第一次科学技术论文报告会电气化专业学术会议在株洲田心举行。担任电气化专业学术委员会主任委员，并宣读论文《铁路电气化区段的电计算问题（牵引网电计算的严格公式）》。

是年，指导本系 1958 级学生周敏峰做毕业设计《牵引网电计算严格公式的推广与应用》。

1964 年

1 月，在《高等学校自然科学学报》（电工、无线电、自动控制版）试刊第 1 期发表论文《交流牵引网电计算的普遍公式》，解决了关于山区铁路供电计算问题。

3 月，出版教材《电力铁道供电系统》上册。

7 月，唐山铁道学院电机系供电教研室承担的"电气化铁道供电系统无接点综合远动装置"参加了全国展览，并获得三等奖。这是铁路系统获得的第一个国家级奖励。

8 月，招收尹丕信为电力铁道供电专业研究生。

夏天，与爱人姚暂明共赴北戴河疗养。

是年，爱人姚暂明被选为全国人大第三届代表大会代表。

1965 年

暑期，奉铁道部命令，带领供电专业五年级学生去现场教学，参加"三线"建设。

是年，在《铁道电气化专业学术会议报告集》发表论文《牵引网电计算的严格公式》。

是年，编印《电力铁道供电》（上册）教科书，是为接触网参数、容许电流、地中返回电流的计算整理和建立的一整套算法，在设计部门中被广泛应用。

1966 年

6 月 23 日，爱人姚暂明突然离世。

1968 年

1 月，电机系党总支组织到湖南田心机车厂、株洲研究所进行电机专业调查，形成报告，认为他之前设立电气化专业是错误的，建议取消。

是年，后期去学校机器厂劳动，为铸工车间造感应电炉。

1971 年

1 月 7 日，获得"解放"。之前工资被扣，经历了两三年的艰难岁月。

年底，唐山铁道学院校址由唐山搬迁至四川峨眉，其跟随学校前往。

1972 年

3 月 1 日，唐山铁道学院更名为西南交通大学，校名沿用至今。

是年，入选电机系领导小组成员，主管基建。

1973 年

6 月，重新为工农兵学员编写教材《电力铁道一次供电系统》。

1974 年

是年，应交通部电气化工程局的邀请，在阳平关为"七·二一"工人大学的班级自编《牵引变电所电气设备》教材，并亲自上课。

是年，被选为电机系领导小组副组长。

1975 年

年初，在天津铁道部第三设计院调研，解决设计的问题。同时，编印《电力铁道供电系统》教材，对由于电牵引而在电力系统中产生的负序进行了广泛分析，提出了一个简易的检验负序允许值的方法，在设计部门被广泛应用。

12月，在现场为电化工程局电气化工程处工人大学编写教材《牵引变电所电气设备》。

是年，与铁道部电气化局局长商定，为石太线研究新的晶体管远动装置。

1976 年
5月，编印《电机学讲义续编》教材。

1977 年
11月，电机系参与的科研项目"可控硅牵引电机反馈试验台""电力铁道供电分区亭远动装置""自动控制三级充电机""热电比拟零位打火指示仪""可控硅直－交三相50千瓦逆变器"，与基础课部合作的"撞击式电磁振动落砂机"均获西南交通大学奖励。

秋，到北京参加铁道部科技工作会议。

是年，开始转向电子计算技术新科学的教学和研究。

是年，倡议并领导了恢复"文化大革命"前进行的电气化铁路远动技术的研究。

1978 年
4月，国家召开全国科学大会，西南交通大学电机系"韶山1型电力机车""ZDZ-1型电磁振动落砂机""电气化铁道供电新技术——分区亭远动技术"3项科研成果获得全国科学大会奖励。

3—5月，编写完成《电子计算技术讲座》（上、下册）教材，自刻蜡纸付印，为全校教职工普及计算技术知识。

8月12日，经中央批准，铁道部调整西南交通大学领导班子，被任命为副校长。

9月，倡议并主持在西南交通大学设立电子计算机技术专业。当年被列为本科招生专业，次年招收研究生。

9月26日，为了适应改革开放、对外交流的需要，为电机系教师开设英语进修课，提高了教师的英语水平。

10月11日，在学校召开的1978级研究生座谈会上，与30名研究生亲切交谈，向大家介绍国内外研究生培养情况，并就如何学习提出意见。

12月17日，西南交通大学学术委员会成立，任副主任委员。

12月17日，西南交通大学学报编辑委员会成立，任主任委员。

12月17日，西南交通大学公布各系、部学术委员会组成人员名单，任电机工程系学术委员会主任委员。

12月21日，主持召开研究生工作会议，研究次年研究生招生计划。

是年，由其领导和支持的石太线新的晶体管远动装置投入运行成功，获全国科学大会奖励、铁道部一等奖及四川省重大科技成果奖。

1979年

2月21日，西南交通大学成立1979年研究生招生委员会，为主任委员。

4月10日，赴北京参加铁道部专业调整会议。

4月20日，主持召开学校研究生工作会议，研究二年制研究生的总学分，研究生校历，是否写论文，对外语、数学课教学问题，研究生导师的职责，录取1979级研究生标准，研究生上课时间等问题。

5月1日，电机系接收学校计算站，充实扩大用于教学。

9月，电机系招收"文化大革命"后首批计算机科学与工程专业硕士研究生7名。其亲自走上教学第一线，带头开新课，为研究生及本科生讲授算法分析与设计、离散数学、应用代数、结构化程序设计、编译原理等课程。有的课使用全英语讲授。

1980年

4月，西南交通大学研究生部由峨眉迁到成都。

5月14日，西南交通大学为在"文化大革命"中去世的罗忠忱、伍镜湖教授举行追悼会，其为伍镜湖教授致悼词。

8月，赴美参加"交通大学美洲校友联谊会"，其间，以极其优惠的价格为学校购得2套先进的R配套电脑及设备。

9月18日，在西南交通大学举行的1980—1981学年开学典礼上，作《出席美国交通大学校友联谊会》的报告。

11月，当选为中国科学院技术科学部学部委员。

12月，为计算技术专业研究生编写基础数学教材《离散数学》，自刻蜡版印刷。该书于1985年修订后由西南交通大学出版社正式出版。

1981年

4月6日，出席学校学术委员会会议，研究授予学位的专业问题。

5月9—18日，与学校一行9人，赴京参加铁道部研究授予硕士、博士学位专业专家会议。在此期间，还出席了中国科学院第四次学部委员会议。

5月15日，为隆重纪念西南交通大学建校85周年，经校长办公会议决定，成立校庆筹备委员会，为副主任。

11月3日，经国务院批准，西南交通大学为全国第一批有权授予博士、硕士学位的单位。铁道牵引电气化与自动化等学科、专业准予授予博士学位，计算机运用等专业准予授予硕士学位，曹建猷为博士生指导教师。

12月17日，西南交通大学决定成立研究生招生领导小组，曹建猷为组长。

是年，担任国务院学位委员会学科评议组成员兼铁路、公路、水运分组组长。

是年，在西南交通大学评定教授职称时，首先推荐电机系的一名副教授提升为教授，在学校引起强烈反响。接着其他系也推荐了几名早已具备条件的教师提升为教授。从此，学校才有了中华人民共和国成立后培养的大学毕业生教授。

1982年

3月27日，西南交通大学成立学位评定委员会，任主席。

9月15日，在全校研究生工作会议上作了《组织起来，把我们的研究生工作提到新的水平》的讲话。

1983年

1月19日，首次招收博士研究生石理、杜申华。分别于1987年、1990年毕业，博士论文分别为《网络多元选址问题的研究及其在电气化铁道初始设计中的应用》《电气化铁道供电系统负序潮流与牵引网复杂故障的分析》。

4月9日，中共四川省委办公会议决定，调整西南交通大学领导班子，免去其副校长职务。

5月30日，当选为中国高等教育学会第一届理事会常务理事。

6月6—21日，作为四川省代表在北京出席第六届全国人民代表大会。

11月13日，因年龄原因，被免去电机系主任职务。

11月15日，主持铁道部委托西南交通大学在峨眉召开的"计算机教材讨论会"，会议制定了1990年以前计算机教材出版规划。

是年，由中国铁道出版社出版修订教材《电气化铁道供电系统》。

1984年

是年，获得西南交通大学教学优秀奖。

1985年

1月26日，担任西南交通大学第二届学位评定委员会副主席。

2月2日，经校长办公会议研究决定，西南交通大学成立10个学科评议组及学衔委员会，为学衔委员会副主委、电机组组长。

4月18日，国务院学位委员会第六次会议审议通过学科评议组第二届成员名单，被聘为学科评议组（铁道、公路、水运分组）成员。

9月10日，西南交通大学，热烈庆祝我国第一个教师节，获铁道部、四川省优秀教师及四川省劳动模范称号。

是年，西南交通大学成立计算机与信息工程研究所，有教职工27人。

1986 年

6 月，担任西南交通大学成立九十周年校庆筹备委员会副主任。

是年，由其倡议并领导的电气化铁路远动技术的研究，在钱清泉教授的具体负责下完成，试制成功样机。

1987 年

3 月 2 日，向西南交通大学党委递交了入党申请书。

4 月 8 日，经国务院学位委员会审核同意，西南交通大学成为在职人员申请硕士、博士学位试点单位。铁道牵引电气化与自动化被批准授予在职人员硕士、博士学位试点专业。

6 月，经电气工程系机关党支部讨论通过，成为预备党员。

7 月 2 日，在西南交通大学 1987 届毕业生大会上发言，寄语他们用所学知识为国家服务。

7 月，西南交通大学铁道牵引电气化与自动化被批准为铁道部重点学科。

7 月，电气、计算机工程两系为其举办 70 岁庆祝活动。

10 月 26—27 日，由其支持和指导研制的"DWY-I 牵引供电远动系统"在成都通过铁道部部级鉴定。

是年，由其支持和指导研制的"多微机远动系统"项目获 1987 年四川省科学技术进步奖一等奖和国家科学技术进步奖三等奖，并发展成为产品，广泛用于我国干线电气化铁路。

是年，应国家教委和国家计委的要求，由学校指定，领导筹备国家重点实验室事宜，拟定机车车辆、重载列车、远动和自动化 3 个方向为重点实验室的研究方向。在其主持下，协调校内多系、多学科专业技术力量，成功申报建设牵引动力国家重点实验室，并开始建设。

1988 年

1 月 22 日，所指导的 3 名博士研究生李群湛、杜申华、石理被西南交通大学破格晋升为副教授。

年初，当选为第七届全国人民代表大会代表。

5月10日，在四川省高等教育学会成立大会上，被推选为学会顾问。

6月12日，正式成为中国共产党党员。

7月22日，经国家教委审核批准，铁道牵引电气化与自动化学科被列为国家级重点学科。

9月，国家批准西南交通大学建立国家级开放实验室——牵引动力实验室。

11月1日，西南交通大学新的校务委员会正式成立，成为校务委员，并担任西南交通大学第一任学术委员会主任。

1989 年

3月13—14日，在赴京出席全国人大七届二次会议前夕，召开座谈会听取师生意见。

10月12日，当选为西南交通大学第四届理事会理事。

1990 年

4月19日，参与国家教委组织的西南交通大学牵引动力实验室方案讨论会。

5月16日，中国科学院副秘书长兼联合办公室主任张玉台代表中国科学院为其颁赠中国科学院荣誉章，感谢他对中国科学事业作出的贡献。

11月24日，为表彰其为发展高等教育事业作出的突出贡献，从1990年7月开始享受国务院政府特殊津贴。

12月10日，受聘为国家教委科技委顾问委员会顾问。

12月21日，在全国高校科技工作会上，被授予"从事高校科技工作40年成绩显著"的荣誉证书。

是年，担任西南交通大学第四届教师职务评选委员会副主任。

是年，担任西南交通大学第三届学位评定委员会副主席。

1991 年

1月15日，主持西南交通大学学位评定委员会会议，讨论博士、硕士学位的授予、博士生导师的遴选以及学位评定委员会的换届等事宜。

1992 年

3月20日—4月3日，在北京出席第七届全国人民代表大会第五次会议。

5月10日，出席在西南交通大学召开的国家教委科技委第二届交通运输学科组第一次全体会议。

6月15日，在国务院学位委员会评议组换届及其成员的选聘会议上，被聘为第三届学科评议组特约成员。

7月2日，在成都举办的展示四川人才优势和科技实力的"四川优秀人才馆"和"四川科技成果馆"中，其先进事迹分别在两馆展出。

是年，被列入《当代中国百科大辞典》"著名科学家"类。

1993 年

4月12日，入选国家科委建立的科技成果鉴定评审专家库。

4月，由其领导、组织牵头、协调工作的牵引动力国家实验室在西南交通大学建设完成。

5月15日，入选《中国科学技术论文评审专家名典》。

5月24日，被成都市人民政府侨务委员会正式确认归国华侨身份。

6月，西南交通大学电气工程与计算机科学系分设，成立电气工程学院。

是年，当选为西南交通大学牵引动力国家重点实验室第一届学术委员会名誉主席。

1994 年

3月23日，亲自撰写了自己的生平记事，10余万字。

3月24日，西南交通大学校史编辑委员会成立，其担任委员。

1995 年

是年，西南交通大学牵引动力国家实验室通过国家验收并达到国际水平。

1996 年

6月，铁道牵引电气化与自动化学科被评选为铁道部重点学科。

是年，中国科学院院士工作局编写的《院士自述》出版，收录其自述文章《为铁路电气化开个好头》。

1997 年

9月19日，因病医治无效，在成都华西医科大学附属第一医院逝世，享年80岁。

9月20日，西南交通大学发布曹建猷教授治丧委员会名单及公告。

9月25日，在成都殡仪馆举行遗体告别仪式。根据其生前愿望，亲属将其骨灰撒在了他曾经参与通车试验的我国第一条电气化铁路——宝成铁路宝凤段上。

11月，荣获第三届詹天佑铁道科学技术奖。

1998 年

9月18日，西南交通大学举行怀念曹建猷院士座谈会。

2005 年

5月，在由路甬祥主编、2005年再版的《科学的道路》（下卷）一书中，收录了其生前撰写的自述文章《为铁路电气化开个好头》。

2009 年

11月，西南交通大学电气工程学院设立曹建猷铁道电气化基金。

12月，由西南交通大学电气工程学院《曹建猷院士纪念文集》编委会编写的《筚路蓝缕 桃李春风——曹建猷院士纪念文集》出版，文集收录了其生前重要学术著作及学生、同事的怀念文章。

2016 年

5月14日，西南交通大学为其雕塑铜像举行落成揭幕典礼，塑像位于该校犀浦校区电气楼前。

5月14日，在西南交通大学电气工程学院和校友的推动下，曹建猷铁道牵引电气化与自动化科技教育基金理事会成立，钱清泉院士和陈维荣院长分别当选为理事长和秘书长。

附录二　曹建猷主要论著目录

一、论文

[1] 曹建猷. Betatron Characteristics of the MIT Synchrotron. 美国麻省理工博士论文. 1950.

[2] 曹建猷. 我国电力铁道应该采用何种电流制. 唐山铁道学院第一次教学及科学研究会议电机系科学报告会报告集. 1955.

[3] 曹建猷. 我国铁路电气化的途径. 人民日报. 1956-11-25.

[4] 曹建猷. 我国铁道电气化的途径和发展远景. 全国铁道科学工作会议论文报告丛刊. 1957.

[5] 曹建猷. 交流牵引网电计算的普遍公式. 高等学校自然科学学报试册（第一册）. 1964.

[6] 曹建猷. 牵引网电计算的严格公式. 铁道电气化专业学术会议报告集. 1965.

[7] 曹建猷. 开关扒杆用电动卷扬机, 唐山铁道学院学报, 1965（2）: 18-19.

[8] 曹建猷. 任务分配问题. 年教学科学报告会论文. 1984.

二、著作

［1］曹建猷. 电力铁道供电系统. 唐山铁道学院，1964，未刊.

［2］曹建猷. 电力铁道供电系统. 西南交通大学，1975，未刊.

［3］曹建猷. 牵引变电所电气设备（电化工程局电气化工程处工人大学）. 西南交通大学，1975，未刊.

［4］曹建猷. 电机学讲义续编. 西南交通大学，1976，未刊.

［5］曹建猷. 电子计算技术讲座（上）. 西南交通大学，1978，未刊.

［6］曹建猷. 电子计算技术讲座（下）. 西南交通大学，1978，未刊.

［7］曹建猷. 离散数学. 西南交通大学，1980，未刊.

［8］曹建猷. 离散数学. 西南交通大学，1982，未刊.

［9］曹建猷. 电气化铁道供电系统. 中国铁道出版社，1983.

［10］曹建猷. 离散数学. 西南交通大学出版社，1985.

参考文献

[1] 新华书店北京发行所. 科技图书作者简介 第1辑[M]. 北京：新华书店北京发行所，1985：142.

[2]《中国科学家辞典》编委会. 中国科学家辞典 现代第5分册[M]. 济南：山东科学技术出版社，1986：445.

[3]《中国科苑英华录》编写组. 中国科苑英华录 新中国之部 下[M]. 北京：科学普及出版社，1988：659.

[4] 宋德慈等. 二十世纪中华爱国名人辞典[M]. 沈阳：吉林大学出版社，1990：473.

[5] 王咸昌. 当代中国自然科学学者大辞典[M]. 杭州：浙江大学出版社，1992：505.

[6] 中国交通年鉴编辑委员会. 中国交通年鉴1992[M]. 北京：中国交通年鉴社，1992：70.

[7] 中共四川省委统战部. 四川统一战线人物录[M]. 成都：四川科学技术出版社，1993：286.

[8] 中外名人研究中心. 中华文化名人录[M]. 北京：中国青年出版社，1993：1049.

[9] 中国科学技术协会编工程技术. 中国科学技术专家传略交通卷[M]. 北京：中国铁道出版社，1995：566.

[10] 西南交通大学校史编辑室. 竢实扬华 桃李春风 西南 唐山 交通大学校友风采录[M]. 成都：西南交通大学出版社，1996：504.

[11] 中国科学院学部联合办公室. 中国科学院院士自述[M]. 上海：上海教育出版社，1996：916.

[12] 清华大学校史研究室. 清华人物志（四）[M]. 北京：清华大学出版社，1996：264.

[13] 成都年鉴社编辑. 成都年鉴 1997[M]. 成都：成都年鉴社，1997：362.

[14] 四川百科全书编纂委员会编. 四川百科全书[M]. 成都：四川辞书出版社，1997：130.

[15] 姜振寰. 世界科技人名辞典[M]. 广州：广东教育出版社，2001：178.

[16] 中国科学院院士工作局. 科学的道路（下卷）[M]. 上海：上海教育出版社，2005：1805.

[17] 贾志良，流金岁月[M]. 成都：西南交通大学出版社，2006：299.

[18] 中国科学院院士工作局. 中国科学院院士画册 技术科学部分册 上[M]. 济南：山东教育出版社，2006：86.

[19] 杨敬东. 三湘院士科学人生自述集[M]. 长沙：湖南科学技术出版社，2009：255.

[20]《曹建猷院士纪念文集》编委会. 筚路蓝缕 桃李春风——曹建猷院士纪念文集[M]. 成都：西南交通大学出版社，2009：177.

[21] 周川. 中国近现代高等教育人物辞典[M]. 福州：福建教育出版社，2018：568.

[22] 张涤生等. 共和国院士回忆录2[M]. 上海：东方出版中心，2012：48.

[23] 中国教育报刊社. 西南交通大学[M]. 重庆；重庆大学出版社，2013：71.

[24] 新华社记者. 宝成铁路电气化工程全部建成并全线通车[N]. 新疆日报，1975-7-6.

[25] 新华社记者. 宝成线被誉为"钢铁蜀道天翼飞"[N]. 新疆日报，1975-07-06.

后 记

2017年9月，我们有幸承担了"曹建猷院士学术成长资料采集工程"项目。曹建猷是中国铁路电气化的奠基人，是西南交通大学电气学院和信息学院的创始人，与西南交通大学当前两个重要的国家级实验室都有着密切联系，是沈志云院士和钱清泉院士的引路人。在接受这个项目之前，我们并不知道这位20年前去世的老人的伟大，在此后的资料收集中，我们逐渐还原了这位在中国铁道电气化事业上叱咤风云的东湘人，同时也经历了一次次精神洗礼和心理涤荡，最大的感觉是——"对不起，我们今天才认识您"，也很庆幸——"还好，我们现在认识了您"！

采集过程中，我们得到了中国科协、四川省科协的领导和专家的多方指导和帮助；曹建猷生前所在的电气学院的陈惟荣院长和罗乾超书记、陈勇副书记，曹建猷基金会和电气学院的多位功勋级专家和退休老师的支持配合。曹建猷院士的母校——上海交通大学和岳云中学相关人员也热情接待了我们。

此外，我们也借机认识了曹建猷三位优秀的孩子。其中，年龄最小的曹康白老师刚刚退休，而我们一次次的促膝交谈成功开启了曹老师废寝忘食、四处搜寻资料、探索其父生前足迹的退休生活。记得2017年秋天的一个下午，曹康白给我打了一个长长的电话，说到终于打开尘封已久的那个心结。那年在天津，看着曹东白宛若其父的面容，听着他如数家珍、侃侃而谈自己作为总工程师一手打造的京沪铁路电气化工程，心想，曹老也是这样挥斥方遒、指点江山的吧。女儿曹立白是铁路电气化设计专家，透着一股精益求精、追求至善的精神劲，钦佩之余开始理解：原来是一脉相承、薪火相传。

一路走来，我们有幸遇到好多可爱的"电气人"。第一位接受采访的是西南交通大学前任副校长白家棣，在长达两个小时的访谈中，我们感受到了曹建猷院士开创的电气精神的传承，有了继续探究中国铁路电气化开篇的强烈好奇心。电气学院的前任院长李群湛是曹建猷院士的博士研究生，也是我们团队的高级顾问和外联部长，他为我们争取到了更多的财力和人力帮助。西安铁路科研所的原所长罗文骥带我们观摩了微机运动系统和列车调控中心……

在采集过程中，采集小组团结合作。谢瑜作为采集小组主持人负责全面工作，杨桓负责录音录像工作，李世敏负责访谈提纲，韩琴英负责修订年表和资料长编，覃世艳负责编目工作，刘莹、汪希参与了档案查找，研究生唐丹、马玢、席洁、李玉梅、龚高秦、沙静馨、邹文静承担了文献扫描、采访转录、资料编目、文稿校订、后勤保障等工作。传记前四章由李世敏完成，第五章部分由韩琴英撰写，其余各章及附录由谢瑜撰写，全书由谢瑜统稿完成。

采集工作的顺利开展得到了很多人的帮助与支持，在此一一致谢。由于水平有限，难免错漏，特别是对曹建猷院士波澜壮阔的一生，本人总有笔力不逮的惶恐，对此深感歉意，敬请批评指正。

曹建猷院士学术成长资料采集小组

2021 年 7 月

老科学家学术成长资料采集工程丛书
已出版（139种）

《卷舒开合任天真：何泽慧传》　　《此生情怀寄树草：张宏达传》
《从红壤到黄土：朱显谟传》　　　《梦里麦田是金黄：庄巧生传》
《山水人生：陈梦熊传》　　　　　《大音希声：应崇福传》
《做一辈子研究生：林为干传》　　《寻找地层深处的光：田在艺传》
《剑指苍穹：陈士橹传》　　　　　《举重若重：徐光宪传》

《情系山河：张光斗传》　　　　　《魂牵心系原子梦：钱三强传》
《金霉素·牛棚·生物固氮：沈善炯传》《往事皆烟：朱尊权传》
《胸怀大气：陶诗言传》　　　　　《智者乐水：林秉南传》
《本然化成：谢毓元传》　　　　　《远望情怀：许学彦传》
《一个共产党员的数学人生：谷超豪传》《没有盲区的天空：王越传》

《含章可贞：秦含章传》　　　　　《行有则　知无涯：罗沛霖传》
《精业济群：彭司勋传》　　　　　《为了孩子的明天：张金哲传》
《肝胆相照：吴孟超传》　　　　　《梦想成真：张树政传》
《新青胜蓝惟所盼：陆婉珍传》　　《情系梁菽：卢良恕传》
《核动力道路上的垦荒牛：彭士禄传》《笺草释木六十年：王文采传》

《探赜索隐　止于至善：蔡启瑞传》《妙手生花：张涤生传》
《碧空丹心：李敏华传》　　　　　《硅芯筑梦：王守武传》
《仁术宏愿：盛志勇传》　　　　　《云卷云舒：黄士松传》
《踏遍青山矿业新：裴荣富传》　　《让核技术接地气：陈子元传》
《求索军事医学之路：程天民传》　《论文写在大地上：徐锦堂传》

《一心向学：陈清如传》　　　　　《钤记：张兴钤传》
《许身为国最难忘：陈能宽传》　　《寻找沃土：赵其国传》

《钢锁苍龙　霸贯九州：方秦汉传》
《一丝一世界：郁铭芳传》
《宏才大略　科学人生：严东生传》

《我的气象生涯：陈学溶百岁自述》
《赤子丹心　中华之光：王大珩传》
《根深方叶茂：唐有祺传》
《大爱化作田间行：余松烈传》
《格致桃李半公卿：沈克琦传》
《躬行出真知：王守觉传》
《草原之子：李博传》

《此生只为麦穗忙：刘大钧传》
《航空报国　杏坛追梦：范绪箕传》
《聚变情怀终不改：李正武传》
《真善合美：蒋锡夔传》
《治水殆与禹同功：文伏波传》
《用生命谱写蓝色梦想：张炳炎传》
《远古生命的守望者：李星学传》

《善度事理的世纪师者：袁文伯传》
《"齿"生无悔：王翰章传》
《慢病毒疫苗的开拓者：沈荣显传》
《殚思求火种　深情寄木铎：黄祖洽传》
《合成之美：戴立信传》
《誓言无声铸重器：黄旭华传》
《水运人生：刘济舟传》
《在断了A弦的琴上奏出多复变
　　最强音：陆启铿传》

《虚怀若谷：黄维垣传》
《乐在图书山水间：常印佛传》
《碧水丹心：刘建康传》

《我的教育人生：申泮文百岁自述》
《阡陌舞者：曾德超传》
《妙手握奇珠：张丽珠传》
《追求卓越：郭慕孙传》
《走向奥维耶多：谢学锦传》
《绚丽多彩的光谱人生：黄本立传》

《探究河口　巡研海岸：陈吉余传》
《胰岛素探秘者：张友尚传》
《一个人与一个系科：于同隐传》
《究脑穷源探细胞：陈宜张传》
《星剑光芒射斗牛：赵伊君传》
《蓝天事业的垦荒人：屠基达传》

《化作春泥：吴浩青传》
《低温王国拓荒人：洪朝生传》
《苍穹大业赤子心：梁思礼传》
《仁者医心：陈灏珠传》
《神乎其经：池志强传》
《种质资源总是情：董玉琛传》
《当油气遇见光明：翟光明传》
《微纳世界中国芯：李志坚传》
《至纯至强之光：高伯龙传》

《弄潮儿向涛头立:张乾二传》
《一爆惊世建荣功:王方定传》
《轮轨丹心:沈志云传》
《继承与创新:五二三任务与青蒿素研发》

《材料人生:涂铭旌传》
《寻梦衣被天下:梅自强传》
《海潮逐浪　镜水周回:童秉纲口述人生》

《淡泊致远　求真务实:郑维敏传》
《情系化学　返璞归真:徐晓白传》
《经纬乾坤:叶叔华传》
《山石磊落自成岩:王德滋传》
《但求深精新:陆熙炎传》
《聚焦星空:潘君骅传》

《采数学之美为吾美:周毓麟传》
《神经药理学王国的"夸父":金国章传》
《情系生物膜:杨福愉传》
《敬事而信:熊远著传》

《逐梦"中国牌"心理学:周先庚传》
《情系花粉育株:胡含传》
《情系生态:孙儒泳传》
《此生惟愿济众生:韩济生传》
《谦以自牧:经福谦传》

《恬淡人生:夏培肃传》
《我的配角人生:钟世镇自述》
《大气人生:王文兴传》
《历尽磨难的闪光人生:傅依备传》
《思地虑粮六十载:朱兆良传》

《世事如棋　真心依旧:王世真传》
《大地情怀:刘更另传》
《一儒:石元春自传》
《玻璃丝通信终成真:赵梓森传》
《碧海青山:董海山传》

《心瓣探微:康振黄传》
《寄情水际砂石间:李庆忠传》
《美玉如斯　沉积人生:刘宝珺传》
《铸核控核两相宜:宋家树传》
《驯火育英才　调土绿神州:徐旭常传》

《追光:薛鸣球传》
《愿天下无甲肝:毛江森传》
《以澄净的心灵与远古对话:吴新智传》
《景行如人:徐如人传》

《通信科教　乐在其中:李乐民传》
《力学笃行:钱令希传》
《与肿瘤相识　与衰老同行:童坦君传》

《没有勋章的功臣：杨承宗传》　　《科学人文总相宜：杨叔子传》